肌肉训练

进化教程
——微运动打造核心区

（美）艾莉森·卫斯法尔 著　孙艺宁 译

化学工业出版社

·北京·

对着镜子、咬着衣角来一张结实健美的腹部自拍，认真秀出自己，并不是一件可耻的事。

为了这张自拍照，你是否也曾忍耐过成百上千次的仰卧起坐、一次又一次的节食、甚至尝试导致腹泻的药物？

《肌肉训练进化教程——微运动打造核心区》的作者艾莉森·卫斯法尔（Allison Westfahl）是美国知名运动生理学家，也曾是个经常被人用健壮一词形容的"短粗胖"。

她用15年在美国顶级健康俱乐部的健身指导经验，为你呈现告别连续挫败感和沮丧状态的训练方法。只需8周，按照《肌肉训练进化教程——微运动打造核心区》的健身与饮食指导，你不用自虐也能拥有完美核心区。

Core Envy by Allison Westfahl
ISBN 9781937715342
Copyright © 2016 by Allison Westfahl
All rights reserved.
Authorized translation from the original edition in English published by Velo Press, which is located in Boulder, Colorado, USA.
This simplified Chinese translation edition arranged through THE COPYRIGHT AGENCY OF CHINA.

本书中文简体字版由Velo Press通过中华版权代理总公司授权化学工业出版社独家出版发行。本版本仅限在中国内地（不包括中国台湾地区和香港、澳门特别行政区）销售，不得销往中国以外的其他地区。未经许可，不得以任何方式复制或抄袭本书的任何部分，违者必究。

北京市版权局著作权合同登记号：01-2018-6737

图书在版编目（CIP）数据

肌肉训练进化教程：微运动打造核心区／（美）艾莉森·卫斯法尔（Allison Westfahl）著；孙艺宁译．—北京：化学工业出版社，2018.9

书名原文：Core Envy：A 3-Step Guide to a Strong

ISBN 978-7-122-32646-1

Ⅰ.①肌… Ⅱ.①艾…②孙… Ⅲ.①肌肉-力量训练-教材 Ⅳ.①G808.14

中国版本图书馆CIP数据核字（2018）第153706号

责任编辑：宋　薇　　　　　　　　　　　装帧设计：张　辉
责任校对：王　静

出版发行：化学工业出版社（北京市东城区青年湖南街13号　邮政编码100011）
印　　装：中煤（北京）印务有限公司
710mm×1000mm　1/16　印张13　字数230千字　2019年4月北京第1版第1次印刷

购书咨询：010-64518888　　售后服务：010-64518899
网　　址：http：//www.cip.com.cn
凡购买本书，如有缺损质量问题，本社销售中心负责调换。

定　价：68.00元　　　　　　　　　　　　　　　　　　版权所有　违者必究

译者前言

《肌肉训练进化教程——微运动打造核心区》一书是由美国知名运动生理学家艾莉森·卫斯法尔（Allison Westfahl）出版的关于健康和健身方面的著作。全书除序言外共分3部分，重点从训练原理、有氧训练、核心肌群塑造、运动营养等方面来介绍和分享核心肌的训练。

本书作者在成书过程中，较好地体现了现代体育训练的特点：一是通过运动生理、运动解剖的系统理论，较好地阐述了训练原理；二是十分注重训练动作的质量、要点的说明，力求保证训练效果的最大化；三是能够根据人体生理变化特点体现训练内容安排的顺序；四是列举了大量的实例，对一些理论与训练误区中的错误选择及其危害做了详细解释。

感谢魏冬珊老师在本书中关于运动营养方面给予的专业意见与指导，在本书中，作者使用的热量单位为calory或calorie，中文含义为"卡路里"，在咨询魏老师及其他营养专家后，认为该处采用卡为单位不符合实际食物热量，因而译者翻译为"千卡"。还有英文原版中有关长度、质量等使用的都是英制单位，换算成我们常用的公制单位时，并没有完全按照1英寸（in）=2.54厘米（cm）、1磅（lb）=0.4535924千克（kg）、1盎司（oz）=28.3495231克（g）进行处理，而是采用了近似取整的方法，因为比如选择食物的重量、减掉的体重等，小数点后多个数字的精准远不如可估算的以5或者0结尾的数值更可模仿执行。

同时，在翻译过程中，得到了众多竞技体育体能教练、健身教练、运动生理、运动营养领域专家的大力支持，同时也要感谢杨永生、高文岳、臧克成、沈玉婷、李兆鹏、张浩、刘冠男、赵景程、于念椿、张森、王良、李云汉、安雪、姚洪敏、魏晓云、周建梅、吴大才、张艳梅等的支持与帮助。

最后，希望本书能够帮助读者了解和掌握科学健身的知识和方法，走出盲目锻炼的误区，获得完美的核心肌肉。

目 录

写在前面的话　/ 1

3步帮你打造令人艳羡的核心肌　/ 5

　　第一步：塑造核心肌的新法则　/ 7

　　第二步：有氧运动促进燃脂　/ 27

　　第三步：减重的饮食　/ 39

《肌肉训练进化教程——微运动打造核心区》计划　/ 57

　　《肌肉训练进化教程——微运动打造核心区》的塑造训练　/ 59

　　　　平衡＋等长收缩　/ 61

　　　　推＋拉　/ 83

　　　　扭转和屈体　/ 105

　　　　有氧锻炼　/ 127

　　《肌肉训练进化教程——微运动打造核心区》的饮食　/ 141

　　　　《肌肉训练进化教程——微运动打造核心区》食物清单　/ 144

　　　　饮食计划的使用　/ 150

《肌肉训练进化教程——微运动打造核心区》锻炼计划 /165

8周锻炼计划 /167

锻炼的原则 /169

跟踪进度用具 /187

 周记 /188

《肌肉训练进化教程——微运动打造核心区》记事 /190

给臀部的额外福利 /191

注释 /195

关于作者 /199

关于模特 /200

每个人都想拥有强健、性感的核心肌 /201

写在前面的话

每当接触新客户的时候，为了能更好地了解他们的健身目标，我会让他们填写一张调查问卷。让客户们对核心力量、减重、增肌、损伤康复、增长体力等按照关注的重要程度来排序。而排在前三位的几乎是一样的，尤其针对女性客户的时候：核心力量是第一目标，紧接着是减重和增肌。

大多数女性都渴望提高自己的核心力量。毕竟在过去的 10 年里，"核心力量"这个术语已经几乎与"健身"同义了。我们都知道，强健的核心肌对身体健康、减少疼痛，尤其对拥有更好的身体素质是必不可少的。想要拥有一个更加轮廓分明的上腹部并非可耻之事。毕竟，这不就是当我们想拥有更好的核心力量的初衷吗？

作为女性，我们总是面对着各种各样承诺能够收紧肚子和塑造完美 6 块腹肌的产品、保健品和训练项目。然而讽刺的是，即便你拥有了 6 块腹肌也不意味着你就拥有了功能性的核心力量，但是它仍然是健康而又性感身材的标志。我们之所以愿意忍受那些成百上千次的仰卧起坐、反复的节食和排毒以及在短短几分钟就能燃烧腹部脂肪的保健品等自我折磨的原因，就是为了追求像女神一样的腹肌。我们不顾一切地去寻找减掉赘肉的办法，因为我们太容易被塑造完美身姿的憧憬所吸引，可事实上，大多数人都没能通过使用产品而获得轮廓分明的腹肌。问题是，如果说这些产品有效果的话，绝大多数也只是提供短暂的效果，留给我们的只是彻彻底底的挫败感。我们怎样才能在既不挨饿又不用每天花好几个小时刻苦锻炼的情况下不让腰围变粗呢？为什么没有一个既有效又能让人坚持下去的方法呢？这些都是每天我从客户们那里听到的困惑，也是为什么我编写《肌肉训练进化教程——微运动打造核心区》的原因，那就是让你拥有一个强健、性感的核心肌，它既实用又能让你看起来棒极了。

你可能会认为我不同情你的刻苦锻炼，但我向你保证，在控制腰围方面，我同样陷入过大多数人所曾经历的死胡同。在成长的过程中，虽然我从来没被认为胖，但我也肯定从来没被认为是"瘦的"。事实上，通常用来描述我的是"健壮"这个词，也就是说我是短粗胖。在做运动员的时候，我从未关注过食物或者热量的选择，并且理所当然地认为，我需要不断补充能量来保持运动成绩。

当我上大学的时候，面临一个可怕的事实——这里不再有团体运动，而且餐厅里还有一个无限量的甜点吧。我开始清楚意识到"大一新生体重会增加"，但我不认为这会发生在我身上。为了燃烧大量的热量，我在健身中心进行30分钟的椭圆机训练并且步行去上课！在大学二年级我已经增重了近20磅（9kg），显示于人前的也是一个非常明显的5尺2英寸（158cm）的矮壮身体。我清楚地记得在大学二年级的最后一天，我已经系不上牛仔裤的扣子了。

在一阵阵恐慌中，我立刻开始做仰卧起坐，希望在接下来的100个重复动作里腰围会奇迹般地缩小。虽然并没有收效，但是我继续把仰卧起坐纳入自己多年的日常锻炼中，我确信如果放弃了这项历史悠久的锻炼，我的肚子上肯定会有一圈赘肉。在攻读了运动科学硕士学位、经过大量的科学研究及个人经验的积累之后，我放弃了仰卧起坐，开始采用更综合的方法来获得令人艳羡的核心肌。

在这本书中，我将与你分享关于获得与保持一个强健、性感核心肌的心得。我所做的研究，在过去的15年里被无数的客户所验证。接受一个有效的项目是很容易的，而且不会让你处于一种连续的挫折和沮丧状态。我不能保证让你一夜之间小腹平坦，但是如果你用8周时间投入到一个基于实际、不盲目追逐潮流的计划中，你的核心力量将发生明显的变化。

个人预期

这个计划专为那些被时间、工作、家庭所束缚，但又想参与一个不太复杂训练计划的人们而准备。我不会要求你做上百个仰卧起坐，每天留出两个小时去训练，或者把钱花在那些并不属于你正常饮食的奇怪蔬菜和补给品上。令人艳羡的核心肌计划将从三个部分来帮你塑造强健、性感的核心肌：

- ▶ 收紧和调节核心肌群塑造训练
- ▶ 消耗腹部脂肪的有氧锻炼
- ▶ 帮助你实现目标的饮食改造

在此过程中，我将解释训练背后的科学原理，并在这个既有效果又有效率的计划当中帮助你重拾自信。

我们生活在一个信息超载的时代。一夜之间，来自四面八方的诸多承诺向你袭来，我不会对过程加以粉饰或者荒诞不经地声称可以用"5个超简单的动作"拥有一个更好的身体。尽管健身并且维持体形需要花费时间并为之付出努力，但不一定是一次痛苦的经历。令人艳羡的核心肌计划能为你定制适合的生活方式和健身计划。我将向你展示如何通过最强有力的塑造训练、有氧运动和补充营养，提升你的核心力量。

让你获得成功

也许这是你的第一本健身书，或者你已经看过了几十本健身书。不管怎样，我希望这是你最后一本健身书。令人艳羡的核心肌计划可以帮助你实现目标，但是需要靠自己的努力获得成功。有几件事可以令你事半功倍——如果你专注在这三件事上，那么会大大增加坚持下去的信心，并最终获得想拥有的核心肌。

1. 完美的一天从今天开始

是的，我知道你下周有公司假日聚会，紧接着星期二是你最好朋友的生日，但谁又能预料呢？生活总是在继续，总是会有完美的借口让你无法从现在就开始一种健康的生活方式。我们对自己最大的伤害就是过于追求完美，一旦有一点点未达标便认为是失败。今天就开始令人艳羡的核心肌计划吧，然后下周去参加聚会，做最好的自己。如果你对选择的食物不满意，不要气馁，更不要认为前一周所做的一切都一文不值。健康是选择的累积效应。我想你的小肚子也不是一两天就胖起来的，所以不要指望这些赘肉能在一周之内消失不见。从今天开始和自己做一个约定。明天，第二个……

2. 安排好一整天的锻炼计划

多项研究表明，人们在早上锻炼要比有规律的锻炼更合适。为什么？因为工作中的紧急情况出现在晚上6点的时候要多于出现在早上6点。定好闹钟并且在一天中剩下的时间里完成锻炼，如果早晨的时间不允许，那就把锻炼纳入你的日程安排里，并确保周围的人知道你的锻炼时间是不可更改的。如果你像我一样，可能要在规划时间上花点心思。因为许多我的私人训练客户们一周又一周的更换日期和时间，所以我必须固定我锻炼的时间，否则我会承担太多客户日程安排不妥的风险，并且自己没有任何休息的时间。我过去常常在日历上写着"锻炼"两个字，但是后来太多客户看了之后问我是否能改一下我锻炼的时间，因为这是她们唯一能来锻炼的时间。在多次牺牲我自己的锻炼时间之后，为了不影响锻炼，我开始在自己的日程安排上写下"Dana"这个名字。甚至曾有一个客户评论道，"Dana看上去超认真啊——她几乎每天都来锻炼呢！"我只是笑了笑，说："是的，她已经得到了很好的效果！"

3. 靠近那些支持你的人

不要尝试只靠自己。让你的家人、朋友和同事知道你正在坚持更健康的生活，并且让他们帮助你继续坚持下去。在此过程中最重要的人便是与你一起生活的人，因为他们带进屋里的食物太能鼓励或者妨碍你的进步了。当你周围全是巧克力饼干和炸薯片的时候，坚持营养计划实在是太难了。也许周围的人在这方面也同样需要一点鼓励，所以带领你的朋友们一起加入《肌肉训练进化教程——微运动打造核心区》计划吧。

3步帮你打造令人艳羡的核心肌

第一步：
塑造核心肌的新法则

给我们自己的策略，要想打造令人羡慕不已的核心肌，大多数人会从做仰卧起坐开始。看起来这好像是一个显而易见并且很有逻辑的策略。毕竟，如果你想提升某项指标，就应该为之做更多努力。如果你想改进网球发球技术，就要练习发球；如果想提升高尔夫球技，就要多加练习挥杆。因此，拥有完美核心肌的最快途径就是花更多的时间来锻炼腹肌。一般去一次健身房包括30分钟椭圆机、10分钟仰卧起坐，再加一杯蛋白奶昔。听起来很熟悉吧？如果你已经遵循类似这个安排好几个月了（也许是几年），但是身体几乎没有什么大的改变，那么让我来告诉你，并不是只有你一个人这样。因为我们一直认为仰卧起坐是让腹部平坦的最快途径。

我们对仰卧起坐的痴迷已经根深蒂固，所以我将尝试着把它从本书的整个课程体系里剥离出来。然而摒弃传统却异常困难。不知你记不记得在体育课里曾经通过一分钟做仰卧起坐的方式来证明自己的健身水平。可能你也上过健身课，所有这些有氧运动都是以一系列的仰卧起坐结束。从本质上讲，我们一直在遵循一个由传统仰卧起坐5种变化的低强度有氧运动组成的训练模板。尽管在我的运动科学教育生涯里，花费了多年的时间去打破这项训练原则。尽管我没有看到我想要的结果，"椭圆机 + 仰卧起坐 = 更好的身体"这个女性的运动模式却深入我心，甚至让我觉得如果偏离这个模式就相当于是健身界的异类。我很害怕，当然，我愿意尝试新的东西，但我曾怀疑过结果是否会有什么不同。尽管我的训练策略没起作用，但我真的很擅长。

我曾用许多年时间，以为锻炼的结果会与锻炼的时间长短成正比。锻炼越多越好！于是，每次想要减掉几千克的时候，我都不停地增加低强度有氧运动的时长，当我想瘦肚子的时候就做越来越多的仰卧起坐，为了吃得更"健康"，喝更多的无糖苏打水和无糖冻酸奶。成为一名私人教练后，我注意到客户们的训练听起来和我自己的经历一样可怕。我很快意识到我们都错了——该是摆脱传统的有氧运动和仰卧起坐，并做一些彻底改变的时候了。同时，也是时候该创建一个能达到我们想要的结果的计划了。

别再为仰卧起坐浪费时间了

令人艳羡的核心肌计划里并没有包含仰卧起坐的内容，可能对传统训练方式来说是一个巨大冲击。我之所以摒弃了它们是因为仰卧起坐并没有利用核心肌肉组织中的重要部分。虽然你感觉自己很努力了，但当你第 70 次做每组 100 个仰卧起坐累得筋疲力尽的时候，其实主要锻炼的只有一个肌肉群——腹直肌（直肌）。可实际上，身体的真正"核心"包括无数的肌肉。

这会引起功能与虚荣之间的问题。为什么不利用健身时间打造一个令人尖叫的腹直肌呢？那些做过喷雾晒肤的沙滩肌肉难道不是看起来很棒吗？如果发达的腹直肌能让你改变主意，那我们是不是需要一个全面的核心课程来锻炼所有其他的肌肉呢？最简短的答案就是拥有高功能性的核心肌才能拥有更完美的核心力量。如果只锻炼少数核心肌肉，会导致不良的坐姿（让你产生小肚子）和损伤（这将使你无法进行锻炼）。为你的核心肌建立一个有坚实基础的、全面的锻炼计划，能让你实现美丽而强壮并且无痛苦的双重目标。

拥有高功能性的核心肌才能拥有更完美的核心力量。

当我谈到核心肌的基础时，我指的不仅仅你腹肌下面错综复杂的肌肉组织，也包括你的臀部和腿筋。这些肌肉通常被归类为"下肢"肌肉，但他们在帮助稳定与移动骨盆方面具有双重作用，所以它们也属于核心的一部分。事实上，所有附着在骨盆或脊柱上的肌肉都是核心的一部分。加上这一区域里更小、更深层的肌肉中所有主要的肌肉群，一个人体内核心肌肉的数量可以达到成百上千。如果你的核心增强训练安排完全基于仰卧起坐，那么就已经忽视了95%的核心肌肉。

由于大部分核心肌肉经常被人们忽视，因而导致了肌力不平衡的现象，即肌肉或肌肉群变得紧张和过度活跃，因此导致主动肌与对抗肌变得薄弱。这种不平衡是有问题的，因为肌肉控制着我们的关节和骨头，当某一肌肉运动过多会使骨骼和关节的位置产生变化。例如，当腹直肌变得活跃的时候，它能将肋骨和骨盆更紧密地连接在一起。重复使腹直肌收缩或缩短而导致姿态不良，并最终对椎间盘造成过度压力，引起疼痛，甚至长期损伤。

腹肌锻炼 VS 核心肌锻炼

尽管"腹肌"和"核心肌"常被错误的交替使用，但它们可不一样。腹肌包括腹直肌、腹外斜肌、腹内斜肌和腹横肌四部分，然而整个核心肌由第10页和第11页图中描述的所有肌肉（肌肉群）构成。你可能有强壮的腹肌，但并不代表你的核心肌也足够强壮！

腹肌训练	核心肌训练
反向卷腹	平板支撑
侧卷腹	深蹲
传统卷腹	登山跳
自行车卷腹	鸟狗式

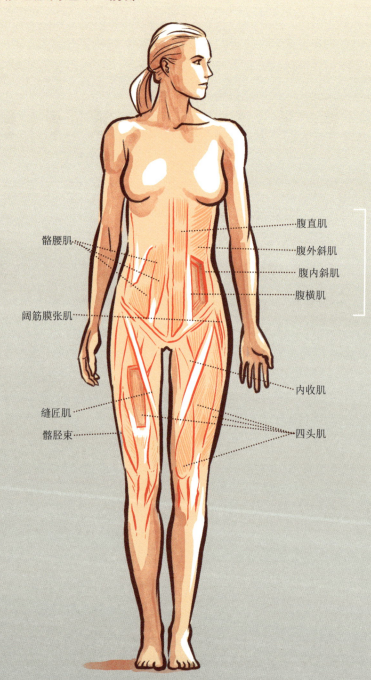

核心肌肉组织 - 背部

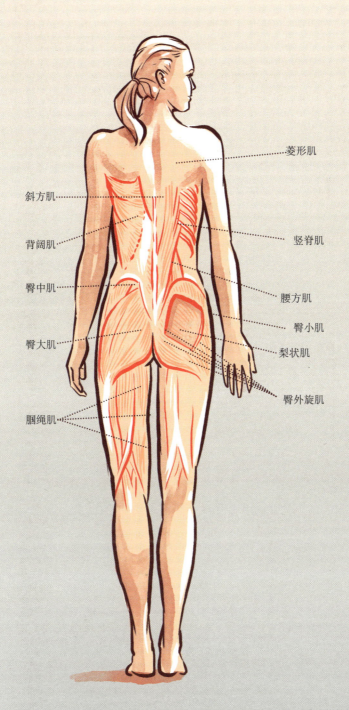

3步帮你打造令人艳羡的核心肌

大多数人都存在核心肌肉组织不平衡的现象，主要是因为我们只注重腹直肌的锻炼。这样的锻炼无疑是有问题的，因为当我们每天坐在车里、坐在办公桌前、坐在沙发上或者无精打采地走在路上的时候，腹直肌一直在收缩。简单来说，我们根本不需要刻意锻炼腹直肌，因为他已经过度劳累了。

我们需要重点加强深层核心肌肉的锻炼，而非腹直肌的锻炼。科学研究证明，仰卧起坐和其他类似躯干屈曲等运动并未像其他运动一样能有效激活核心肌。奥本大学最近的一项研究表明，研究人员通过肌电图对几种流行的核心肌运动的有效性进行测试。通过在皮肤上定位电极的方式对肌肉进行测试，这项技术可以测量那些肌肉收缩的程度。为了给此项研究设立一个参考数值，卷腹被设定为数值100。数值大于100的运动肌肉收缩明显高于卷腹，而那些低于100的运动则明显低于标准仰卧起坐。该项研究结果清楚表明为什么仰卧起坐被淘汰，而像普拉提和侧桥那么受欢迎。能充分调动深层腹肌的运动有两个共同点：一是高度的稳定性；二是避免躯干屈曲。符合这些原则的运动包括平板支撑、坐姿划船等。令人艳羡的核心肌采用了这些运动的多种变化形式及许多我自创的更为原始的运动方式，旨在帮你打造一个令人羡慕的核心肌。

除了调动深层核心肌肉之外，我们还需要调动控制运动方向并能产生较大动作力矩的臀部肌肉。没有强壮的臀大肌，你就无法拥有令人羡慕不已的核心肌群。我有很多客户都认为只要她的臀部足够大就代表它很强壮。尽管我们都听过这种言论，但是事实是：臀部的大小真的不重要。虽然臀大肌发达，实际上却没发挥作用也是完全有可能的（而且很常见）。如果你想知道臀大肌是否发挥作用，可以试试第14页侧栏的测试。当臀部肌肉没有正常运行的时候，身体将依靠其他肌肉取而代之。代替臀大肌的肌肉（如下背部肌肉）越小，其效率越低。随着时间的推移，这些肌肉使用过度，将导致疼痛和损伤。

你觉得做卷腹时腹部在燃烧并不意味着你的脂肪在燃烧。

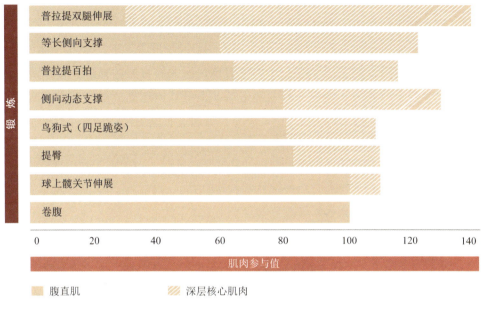

有氧运动燃烧热量，而非锻炼核心肌

长久以来，"燃烧"一词一直与运动锻炼有关：燃烧脂肪、燃烧热量、燃烧肌肉……这样的例子不胜枚举。我们都觉得做的运动既有效又有价值，在做某一个特定动作产生的灼热感让我们觉得自己超努力、燃烧了大量的热量，因此能让正在燃烧的肌肉变得紧致。但是这种灼热感究竟是什么，它真的是检验锻炼是否有效的晴雨表吗？

你的臀大肌被激发了吗？

用一个简单的练习测试一下你臀大肌的爆发力吧。仰卧，屈膝，双脚着地，臀部离地8～10英寸（20～25cm）。抬起一条腿，将力量放在另一侧的脚后跟上，同时尽可能向上抬起臀部。用力下压时，这个动作主要锻炼的是支撑腿一侧的臀部肌肉。重复15次，换另一条腿。

如果你能感到臀大肌在运动，那么动作就做对了。如果觉得运动的是大腿和腰部，那么你需要注意加强臀大肌的锻炼。翻到第191页"给臀部的额外福利"系列会教你该怎么做。

与普遍观点相反，在运动时感到我们的肌肉在燃烧与燃烧热量或脂肪总量并无直接关系。只是因为在做卷腹时你觉得你的腹肌有灼热感，但不意味着你的身体就在燃烧脂肪。这种感觉实际上是你的身体正以最快的形式消耗能量，我们将其称为三磷酸腺苷（ATP）。ATP 是所有体能活动能量的组成部分。为了能使肌肉收缩和运动，必须要提供稳定的 ATP。由于在任何限定时间内的供应是有限的，因此我们的身体在运动时，必须有稳定的 ATP 供应才行。因为在有限的时间里，它们的供应也是有限的，否则，我们的身体会急忙通过各种代谢途径生产更多的 ATP。代谢途径有三种：非乳酸性无氧能量系统、糖酵解和有氧代谢。根据锻炼的强度和持续的时间，你的身体可能会从这三个途径消耗能量。你的心率越高，代谢途径越多，燃烧的热量就越多。人们往往认为一项运动的有效性取决于调动了多少肌肉参与，但是真正决定能消耗多少热量、溶解多少脂肪的关键是运动的强度和持续的时间。

　　到底核心肌燃烧热量的范围是什么？不幸的是，大多数传统的核心肌练习没能燃烧掉很多热量。尽管你整天做仰卧起坐，可你肚子上的脂肪也没什么变化。因为心率不够高，所以燃烧热量的速度很低。此外，你曾以为很努力在锻炼，然而却做不到 20 次以上，如果此时戴着心率监测器去做仰卧起坐，你会发现心率几乎不会超过每分钟 90 次。心率是燃烧脂肪和减重时主要的成功指标。心率越高，消耗的热量越多；消耗的热量越多，减掉的脂肪越多。1 千克脂肪等于 3500 千卡，所以你需要更投入到那些能让你的心率变高的运动中，这样就能在最短的时间里燃烧最多的热量。

　　心率越高，消耗的热量越多；消耗的热量越多，减掉的脂肪越多。

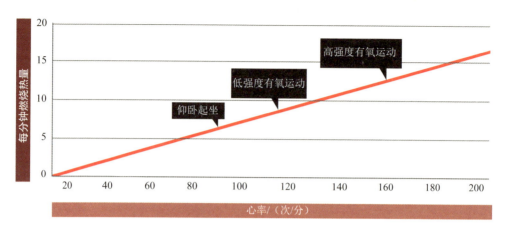

不同锻炼燃烧的热量情况

如何知道哪些类型的运动能最大程度的减脂？2005年，体育科学杂志上发表了一项研究，用一个方程式来预测基于平均心率下每小时消耗的热量。我们可以将这个方程应用到不同类型的核心肌塑造训练和有氧运动上，来确定哪些运动能获得较好的效果。就像那句谚语所说：努力的工作，不如聪明的工作。

让我们把以仰卧起坐为基础的核心肌计划作为热量燃烧的起点。假设平均心率为每分钟90次（大部分我的客户们做仰卧起坐时的心率），一位40岁、体重160磅（73千克）的女性1小时内可燃烧约195千卡。通过适度的慢跑，可以在20分钟内消耗很多的热量。还记得上次你做1小时仰卧起坐是什么时候吗？我们中的大多数人持续1分钟的时间做仰卧起坐能够燃烧3.25千卡的热量，这个数值比一块薄荷糖所含有的热量还少。这就是为什么在我的核心肌训练计划里没有仰卧起坐的原因之一。相反，我更专注于那些能调动更多核心肌肉的练习，所以，通过提高心率来加速热量燃烧。但是要记住，为了最大限度地燃烧腹部脂肪，这些核心肌塑造训练必须搭配有氧运动。仅靠这些训练并不能保证燃烧最多的热量。

正确减脂的真相

脂肪储存在身体的不同区域里；梨形身材的女性其脂肪更容易囤积在臀部和

大腿处，而苹果形身材的女性其脂肪则更易囤积在腹部和手臂上。当你想减少身体某一特定部位脂肪的时候，锻炼该部位的肌肉似乎看起来是很合理的。所以要想瘦腿，就得多做弓步练习。

如果你想瘦手臂，就要多做二头肌卷曲练习；如果要燃烧多余脂肪，就要多做运动。听起来很有道理，是不是？但不幸的是，这种减脂的方法是完全错误的。我们之所以不能把某一部位的脂肪作为目标的原因是，脂肪主要是以甘油三酯的形式进行存储。这些甘油三酯可能更易囤积在个别部位（比如腹部或大腿），但这并不意味着使用这个部位的肌肉就能燃烧这部分的甘油三酯。

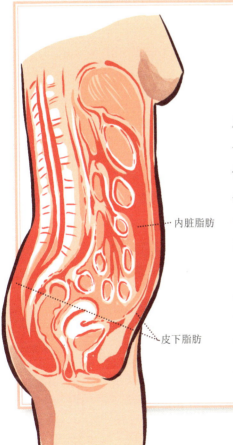

内脏脂肪

皮下脂肪

所有腹部脂肪都是一样的吗？

储存在皮下的脂肪叫做"皮下脂肪"，这与大腿、手臂上的脂肪是同一类型的。围绕在腹部脏器的脂肪叫做内脏脂肪，它会增加罹患2型糖尿病、结直肠癌、高水平的低密度脂蛋白胆固醇、高血压和许多其他疾病的风险。

内脏脂肪也是造成恼人小肚子的罪魁祸首。高强度间歇训练和减少热量摄入，尤其是糖和精制碳水化合物的摄入能有效减少内脏脂肪。

当要运动时，我们的身体会唤醒储存在脂肪细胞里的能量，并将能量转化为肌肉所需的燃料。尽管腹部有脂肪细胞，但不意味着我们运动的时候这些腹部的脂肪就会被消耗。简而言之，肚子的脂肪细胞不"属于"肚子的肌肉。当我们的身体活动时，会从身体各个部位的脂肪细胞中获取能量。因此，最有效的燃脂方法就是选择消耗热量最多的运动。在下一章，我们会分享哪种燃脂运动最有效，并告诉你为什么控制心率是减脂的关键所在。

从改变身姿开始

几年前，我曾遇见一个生了两胎后很想练腹肌的女人。她不仅圆肩而且腹部特别突出，好像还在怀孕似的。她看着自己的肚子跟我说，"看，自从我生完孩子，这团肥肉就再也减不掉了！"我立即把她的肩膀往后拉，让她将胸部挺起3英寸。瞧！那可怕的"妈妈肚"马上不见了。她的这种无精打采的状态都是因为每天要母乳喂养、带孩子、长期睡眠不足造成的。因此，我给她制订的锻炼计划不仅注重腹肌训练，而且还加强了上背部和中背部的肌肉训练。当她的身体姿势得到有效改善后，妈妈肚竟然消失了，让她重新找回了自信。

不良身姿的问题不只发生在妈妈和年长女性身上。在过去的10年里，我发现存在不良身姿的女性人数大幅增长。不良身姿变得越来越普遍，而良好身姿却渐行渐远。脊柱过度弯曲时间较长，会造成局部组织缺血（即组织缺氧），并导致脊椎永久性弯曲。另外，不良身姿会干扰大脑与肌肉的"沟通"能力（通过对脊柱的压力），引起关节与肌肉损伤，甚至因为过度使用肌肉而导致疼痛。

你是否没精打采

对着镜子来做一个小实验,头部的姿态决定了脊柱的姿态。如果你将下巴向前探出6英寸(约15厘米),会引起上背部和肩部向前收紧,进而造成含胸。

不良的身体姿态会让你看起来溜肩,臀部耷拉,腹部突出。现在用完全相反的背部伸展姿态去站立,腹部看上去马上平坦了许多。胸腔打开,身姿挺拔,臀部看上去也上翘了许多。

当妈妈提醒你站直了的时候,她一定是发现了你有些含胸驼背。现在我们就来分享下怎么能保持住良好身姿的方法。

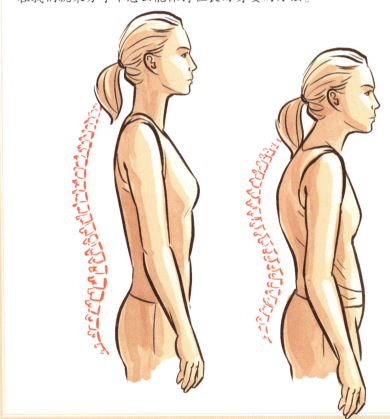

脊柱分为四段，每一段都表现出前弯或者后弯的特征。如果脊柱生理弯曲的状态被夸大，就会给身体带来不良后果。大量使用电脑、手机，加之久坐等都是引起脊柱问题的元凶。但是很多身体姿态的问题可以通过强化核心肌来改善。《肌肉训练进化教程——微运动打造核心区》中大量介绍了强化核心肌侧面和背面肌肉的方法，这也是我有意而为的，因为传统的核心肌训练计划中过分强调了核心肌中正面肌肉的训练。而我们想要跟大家分享的是，如何拉伸腹直肌，通过腹部深层肌肉的训练，更好地强化脊柱的稳定性。与此同时，为你塑造核心肌的形态。

你在练习中的效果会直接影响到日常的行住坐卧。如果你躺在地上，肩向臀部方向牵拉，等你站起来的时候，身体仍旧会延续这个姿势。如果你在练习卷腹、俯卧撑或者弓步的时候，下巴和头向前探，那么日常生活中你的头和下巴也会向前探。

许多女性认为不良的身体姿态是岁月流逝的必然，同时也是自身无法抵抗地心引力的证据。调查研究显示，只有2%～3%（美国人口）的人是天生脊柱侧凸，而绝大部分人的不良身姿是可以通过正确训练而改变的。事实上，有规律的锻炼有助于使脊柱保持在一个恰当的位置，也有助于减缓骨质疏松。《肌肉训练进化教程——微运动打造核心区》在帮你打造核心肌的同时，也在强化脊柱周围的肌肉，使你能够获得理想和性感的身姿。

令人艳羡的核心肌，感觉好极了

拥有一个强大的核心肌除了帮助改善身姿外，还能让你远离疼痛，尤其是腰部。如果你曾有过腰痛，那么一定有人告诉过你，提高核心力量能减轻不适。许多客户来找我说他们的医生要求他们锻炼核心力量。没有专业指导的情况下，你可能在离开医生办公室后，马上开始做卷腹、扭转卷腹、侧卷腹和其他几个动作。数周或数月后，你很可能不仅腰部疼痛没有缓解，反而还加重了。怎么回事儿？到底哪里出了问题？

你的动态身姿是什么样的?

除了站和坐等静态身姿外,动态身姿也很重要。动态身姿,或者运动中我们的身体位置,往往被忽略。

最快速检测一个人动态身姿的方法是请他做一个手臂高举的下蹲动作。如果下蹲状态下,她的肩向前收,胸部向大腿方向靠近,无疑他的核心肌需要锻炼了。换言之,脊柱的动态姿势缺乏抵抗力。

为了理解为什么卷腹是加剧腰部疼痛的原因，我们要先知道脊柱的基本机构和功能。我们的脊柱由脊髓、脊神经、33个椎骨（骨头）和24椎间盘组成。在颈椎、胸椎和腰椎部位均有椎间盘；在骶骨和尾骨另有9块融合的尾骨。

椎间盘的完整性对于保持健康、无痛的脊柱是至关重要的。如果椎间盘承受压力过大，便会压迫脊髓或者椎间盘突出。几乎90%的椎间盘损伤发生在腰椎（腰部）部位，大多发生在L4和L5之间，L5和S1之间。如图（23页）所示，当发生腰椎间盘突出时，椎间盘中间的凝胶状物质（髓核）向后外侧脱出，压迫脊神经。压迫脊神经会导致腰部与一侧下肢疼痛。

椎间盘突出的两个主要原因是正常的磨损（也称为退行性椎间盘疾病）和创伤。每一天，我们的脊柱都在磨损，当我们弯曲、扭转、旋转以及搬运重物时，腰间盘对脊柱起到了缓冲的作用。随着时间的推移，腰间盘开始磨损，不能再承受这些压力。通过加强良好身姿和肌肉的训练，可以保持椎间盘的健康；这也是核心肌发挥作用的地方。

锻炼核心肌的关键是要防止腰部疼痛，那就必须选择能有助于维持脊柱中立的运动。通常情况下，人的腰椎应呈现出轻微的前凸，男性4°～7°，女性7°～10°。换句话说，当腰椎产生弯曲时，便会压迫脊柱并对椎间盘造成很大的压力。仰卧起坐不仅会使脊柱位置不当，而且也会使颈部过度弯曲，引起颈部与上背部的疼痛。所以在任何训练计划中应优先考虑如何避免造成脊椎位置不当。

为什么要练核心肌？

据统计数据显示，大多数核心肌练习（尤其是传统的以卷腹为基础的训练）都不是为了我们想要的令人羡慕的核心肌，那为什么我们还要练核心肌呢？如果高强度的有氧运动比卷腹更能有效燃脂，为什么不放弃核心训练，只做有氧运动呢？原因就是以具有功能性的、先进的方式训练核心肌能练出健美的肌肉，通过做有氧运动及控制饮食能更好地燃烧脂肪。你也不想花了好几个月的时间要减掉肚子上的游泳圈却一点也没减掉吧。

虽然核心肌训练不是减掉肚子周围的皮下脂肪和内脏脂肪最有效的方式，但

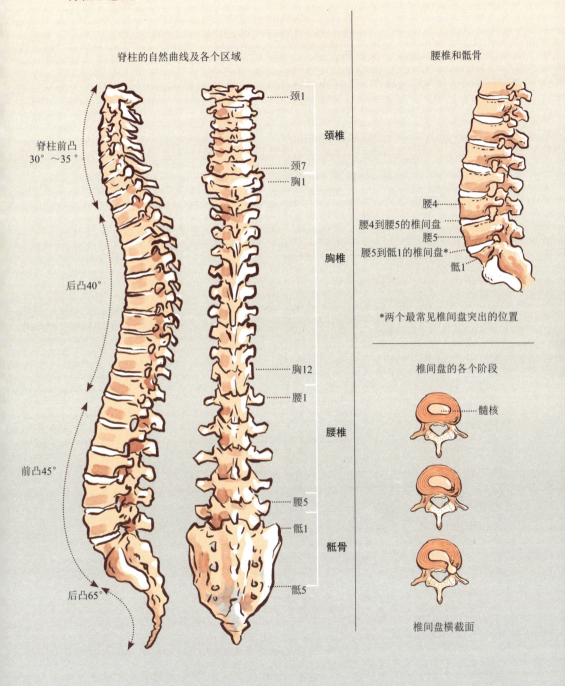

是它却能雕塑肌肉。如上所述，要想减掉身体某一特定部位的脂肪是不现实的，但却可以雕塑某一特定部位的肌肉。例如，弓步和深蹲能让你的腿部肌肉线条更强，同样也适用于任何部位的肌肉。从改善心血管功能到增加骨密度和神经肌肉活动性上，反复锻炼肌肉能对肌肉纤维起到积极作用。最重要的是如果你通过这本书里塑造训练经常锻炼你的核心肌，那么肌肉的力量、耐力和协调性也会提高。要知道这些好处都是塑造一个完美的、令人羡慕的核心肌带给你的哦！

不再做卷腹，终于拥有了我想要的强健核心肌

当我满世界飞来飞去忙着参加住院医师面试的时候，开始着手编写《肌肉训练进化教程——微运动打造核心区》。我想如果这个计划不会打乱我的时间安排，那可以长期坚持下去。肚子一直是我的弱点，可以这么说，在我的日常训练内容里包含大量的卷腹训练。如果我只有20分钟锻炼时间，比起有氧运动我更愿意选择卷腹，因为我一直认为它效果更好。当我的肚子还是那么大，放弃卷腹的想法对我来说简直可笑极了，直到我接触了核心肌锻炼。作为一名医生，我知道了哪种类型的核心训练对我有效果，因此我决定试一试。

做这个训练超级容易，因为它不需要任何设备或者去健身房办会员。所有核心肌塑造训练和有氧运动，我都可以在家或者在酒店房间里完成。有的时候我会到室外做有氧运动，为了达到规定心率，有几天我也会做18分钟的开合跳或者跳舞。

起初，我担心饮食会影响训练，因为我并没有控制饮食，有时午餐吃比萨或者法棍面包，而且我还纠结着是吃还是不吃……如果你没有选择食物的权利，毕竟不能让食物变得美味也不是你的错，对吧？其实只是我惯用的借口罢了。艾莉森的计划告诉我完全可以控制吃什么，我只是需要做好准备。我开始假设放在我面前的是不健康的食物，但是包里准备的都是像健康棒、水果、坚果和煮鸡蛋。这些东西都是我外出时必须要带的东西。

8周后，我的肚子小了2英寸（约5厘米），顽固的腰部赘肉也不见了。更重要的是，我终于知道如何制订健身计划和饮食。人们常说知识就是力量，感谢《肌肉训练进化教程——微运动打造核心区》令我充满力量！

第二步：
有氧运动促进燃脂

我们一直在探索塑造完美核心肌背后的科学原理以及哪种才是最有效的运动和锻炼方式。但是如果你不先消耗脂肪，那么永远也看不到肌肉。究竟燃烧脂肪的最有效方法是什么呢？那就是有氧运动。没错，跑步的确比做500次卷腹更能消耗腹部的脂肪。在做本书中给出的核心肌训练时，你的心率可能会比一直进行的核心肌训练高些，但是核心肌塑造训练燃烧的热量还远远不够；把这些有氧运动结合在一起才能做到最大限度燃烧热量，并确保你辛辛苦苦练就的核心肌不会被一层顽固的脂肪藏起来。通过有氧运动的有机结合，才能实现燃脂与雕塑肌肉的完美融合！

突破燃脂区

提起有氧运动就会想到燃烧脂肪，你在健身房里一定去过"燃脂区"吧。如果你曾经在健身俱乐部的有氧运动机器上运动过，那一定见过指示牌里写着不同心率的区域。例如"最大燃脂区"到处写着降低心率，我们一直认为燃烧顽固脂肪的唯一方法是保持心率低且稳定。这就是为什么我们中的大多数人以快速的步伐坚持跑步机并尽可能保持。上天不允许我们心率过高从而进入"危险区"！

"燃脂区"的概念基于这样一个前提：当以低心率运动时，你的身体会燃烧更多来自脂肪的热量。如果我们只考虑这个概念，那么你可能会选择低强度的锻炼。完成一个30分钟的低强度训练，一个130千克重的女人消耗50%的能量都来自脂肪。如果她做30分钟高强度训练，只有40%的热量消耗来自脂肪。

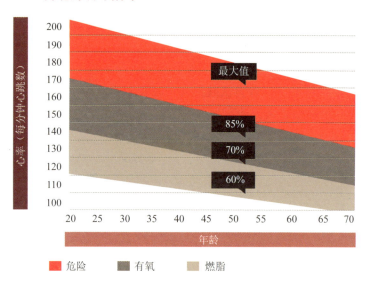

传统的训练指导

但是仔细看看，你会发现高强度的锻炼实际上燃烧了更多的热量——多了12%。在相同的时间里（在此情况下30分钟），高强度训练比低强度训练期间燃烧了更多的脂肪。你需要燃烧更多的热量，燃烧更多来自脂肪的热量，以科学的方式，通过高强度间歇性训练来实现这个目标，而非"低强度而缓慢"的训练。

还不相信吗？这个事实可能会吸引你的注意力：持续的低强度训练能锻炼到身体里储存的脂肪。没错，如果你持续进行低强度运动（即低心率），你的身体就会适应并开始储存脂肪以便能更有效完成接下来的训练。这种情况被称为"代谢效率"，这也是锻炼中最根本的矛盾。无论什么事情似乎效率越高越可取，但是一个有效的新陈代谢会是你实现目标的阻碍。

> 如果一直做低强度的有氧运动，你的身体就会适应并开始储存脂肪，以便它可以更有效地完成接下来的一轮练习，这被称为代谢效率。

然而效率一直是人们生活中所追求的东西，但它却不是一个可持续的最有效燃脂的方式。当你为了某种特定的活动或运动去训练的时候，仔细想想你的身体有哪些变化：为了使身体拥有更佳状态，你做了无数的重复动作或者相同类型的活动,最后,可以用更少的付出获得更大的回报。因为人体就好比一个适应性极强的机器,它会用最简单的方法完成任务并一直遵循这个方式。本质上讲,身体总是能以阻力最小的路径来完成。对于运动结果(无论你采用哪种锻炼方式都会变得更好)来说,这是一个好消息,对于新陈代谢来说,这是一个坏消息。

在我上大二的时候,曾尝试减掉大一时长上去的那15千克肉。在做了一系列研究之后,我开始长跑:它能消耗大量热量,只需要一双鞋,就能在任何地方进行。太完美了,我想这就是我新的减重方式!我从小就参加团体运动,这让我认为开始一项新的运动简直是小菜一碟,但是,我忘了自己从未接触过耐力运动,我跑过最长的距离就是从篮球场的这头到另一头。我意识到必须慢慢训练耐力,所以决定第一次先跑20分钟。

低强度和高强度运动的热量分解对比

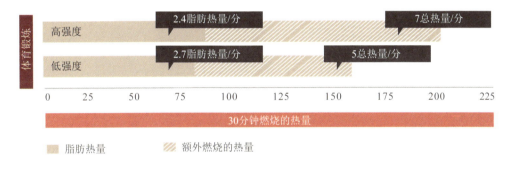

在第一次跑步的前3分钟里，我大口喘着粗气，而且还有一条腿抽筋了。这种新形式的运动让我的身体不堪负重。尽管它极具挑战，但它却是对身心的双重打击。可我还是坚持下来了，6个月后，我参加了人生中第一次半程马拉松。我还调整了饮食，在半程马拉松开始前，我不仅把大一时胖起来的15千克减掉了，还多瘦了10千克。我终于发现了一个对自己有效的方案，开始坚持耐力跑。多年以来，那些漫长的跑步训练一直是我锻炼计划中的主要部分，而且效果一直都很好。

长跑是怎样导致体重增加的呢？

▶ 一旦新陈代谢稳定运行，每项运动燃烧的热量会变少。

▶ 如果训练里没有高强度运动，那么在锻炼后的24小时里，你会错过一个提高新陈代谢的绝佳机会。时间长而又慢速的跑步训练只能燃烧很少的热量。

▶ 过度训练的跑步者，皮质醇激增会促使身体储存更多的腹部脂肪。

几年后，我的身体开始适应了这个方案，跑步已经不再能达到相同的效果了。我开始跑得更远，然而体重却不知不觉地涨回来了。令人沮丧的是我犯了一个在生活中不同领域里都犯过的错误：如果某件事不起作用了，就要做更多同样的事情，最后总会变好的！我开始增加跑步的公里数，甚至每周都跑40公里。但是我的体重就像跑步的公里数一样，也在增加。

我曾以为体重的增长源于肌肉的增加，于是我用双能X线吸收仪对自己的体脂进行扫描测试，这个仪器可以详细分析出身体储存的脂肪和肌肉。双能X线吸收仪误差很小，所以比较可信。测试的结果是，我的体脂肪主要集中在臀部和大腿处，那正是我不间断的长跑想要锻炼的部位。就在那天，我觉得必须改变训练方法及饮食习惯。过去盲目遵循的训练方法是不利于健康的。在做了许多研究之后，我和我的同事们研究出了一个制胜法宝：舍弃时间长的低强度有氧运动，专注于高强度的间歇性和力量训练。我的新目标就是让身体处于一种新陈代谢混乱的状态。

如果你的训练不包括高强度训练，那么你错过了一个能在锻炼后24小时内提高新陈代谢的机会。

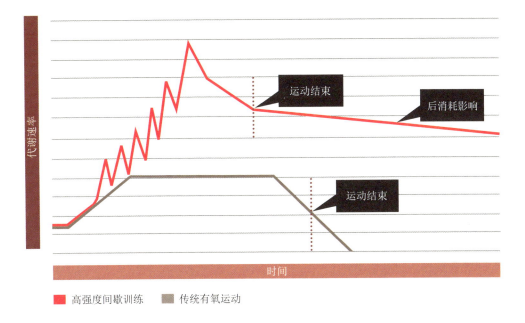

代谢混乱的好处

代谢混乱与代谢效率相反。通过定期改变运动的时间、强度和类型，能有助于提高新陈代谢。当你的身体知道下一项运动是什么，为了完成任务它必须消耗更多的能量。相反，你的身体由于被迫应对新运动不断变化的刺激，因此将燃烧更多的热量。研究表明，高强度间歇训练是让新陈代谢混乱及燃烧腹部内脏脂肪最有效的锻炼方式。

高强度间歇训练是怎样构成的？这类运动能在短时间内让心率达到峰值的70%，又能恢复到更低的心率，然后又能达到心率峰值。如果用曲线图表示心率，那一定是一个又一个的山峰和低谷。

高强度间歇训练的好处在于需要的时间很少。人们常说没有时间去锻炼，这么多年以来，我的客户们用得最多的借口就是没有时间。其实你完全能在很短的时间里通过运动迅速燃烧脂肪。《肌肉训练进化教程——微运动打造核心区》中的运动（167～185页）持续时长都在16～36分钟之间。我猜你肯定能每天挤出36分钟让你自己变得更苗条、更紧致、更健康。据美国劳工局发布的统计数据，15岁以上的美国人每天平均看电视2.8小时，这比一次高强度间歇训练的时间多5倍。不想放弃你喜欢的剧集去运动？没关系，你可以一边看电视一边锻炼！高强度间歇运动不需要任何特定类型的运动，只要心率达到一定水平就行。你可以在家里进行跑步、骑自行车、跳舞、打沙包、跳绳或者做其他运动的同时，看着你最喜欢的电视节目。

高强度间歇训练之所以有效是因为产生运动后过量耗氧（EPOC）的现象。运动后，你的身体将继续耗氧一段时间，以便身体重新恢复到放松的状态。身体耗氧越多，时间越长，燃烧的热量越多。如你所知，热量消耗越多等同于减去的体重越多，你的腰肢会越纤细。运动后（post-exercise）这个词的首字母缩略词是"P"。这意味着不仅在运动的时候燃烧脂肪，在运动结束后的一段时间里仍在继续燃烧脂肪。

关于运动后过量耗氧的研究有很多，运动过后燃烧热量对比的研究也很多。不论是运动中还是运动48小时之后，涉及高强度的训练明显燃烧了更多的热量。更具体地说，要求心率达到最大值的70%的运动是最有效的。出于该原因，我在《肌肉训练进化教程——微运动打造核心区》中设计的每一项高强度间歇训练都是以心率达到峰值的70%为临界值。

如果你担心高强度锻炼过于激烈，别忘了这与心率相关。这个70%的临界值看起来与你的很不一样，也和专业运动员不太一样。如果你爬一段楼梯累得话都说不出来，那么此时你的心率基本上就是心率峰值的70%。当你完成核心肌训练并且增加有氧训练，身体就会逐渐适应，很快你就能更快速的爬楼梯，甚至可以慢跑。到了8周训练计划结束的时候，你会觉得与刚开始的时候相比差别很

为什么高强度间歇训练对消耗腹部脂肪最有效？

▶ 消耗更多的热量和脂肪。
▶ 运动后48小时持续较高的新陈代谢水平。

大。怎么才能知道什么时候达到了心率峰值的70%呢？别担心，我会在"核心肌的有氧运动"那一章加以解释。通过几个训练之后，你会更好地控制自己的心率，从而确保在最短的时间里消耗最多的热量。

压力是怎样影响你的腰围的？

如果你一直怀疑压力是导致你腹部赘肉的元凶，那么恭喜你：答对了！假如我们没有为了保持健康（无处不在的工作要求、家庭责任、不健康的食品）而进行长期不懈的艰苦奋斗，就必须给自己施加点压力！美国人现在的压力比以前大多了。根据2013年由美国心理协会发布的《美国压力》报告显示，52%的成年人表示在过去的5年里，他们的压力水平增加了，平均压力水平为5.3（数值范围：1~10），高于健康或可控水平。关于不断增加的压力水平，讽刺的是，57%的成年人表示运动的方式能帮助减压并让他们感觉更好，但实际上，只有17%的美国人每天坚持做运动。此外，压力被认为是美国人不锻炼的原因，这样反而造成了更大的压力，所以形成了死循环。

所以压力到底是怎么造成腰围增长的呢？这是由一种称为皮质醇的激素释放引起的。如果每天都处于正常的压力水平中，你的身体会竭力避免释放肾上腺素或去甲肾上腺素，这些都属于应激激素。但是当你处于长期的、不间断的压力中，你的身体会开始释放一种叫做皮质醇的激素。人体内皮质醇过多会引起皮质醇级联效应。

皮质醇会促进人体储存脂肪来保护器官，由于人体的主要器官都位于躯干部位（皮肤除外，它实际上是人体最大的器官），这也是大部分脂肪堆积的地方。这些脂肪细胞围绕着器官脏器，也增加了内脏脂肪。内脏脂肪的另一个术语叫做"腹部脂肪"，直观的描述了这种脂肪所在人体中存在的部位。内脏脂肪比皮下脂肪更危险（位于皮肤下面的脂肪，大多位于大腿和手臂），因为它能深入到人体内部，围绕器官，形成橘皮组织。这种类型的脂肪会使你承担患上重大疾病的风险，例如2型糖尿病、冠状动脉疾病、代谢综合征、睡眠时呼吸暂停等。内脏脂肪会导致腹部脂肪的增加，不论你是否超重。事实上，根据病历，你可以有很多内脏脂肪，但仍然保持正常的体重。

减掉内脏脂肪的策略

我们知道皮质醇水平过高可能引发级联效应，从而身体会在腹部储存更多脂肪，但我们如何才能避免呢？降低皮质醇水平特别管用的方法有很多，其中之一便是进行常规的高强度锻炼。因为内脏脂肪位于腹部深处，比普通的皮下脂肪更顽固。很多客户都来找我的目的是想减掉大肚腩，最有效的运动策略就是高强度间歇运动，这些类型的运动能在最短的时间内产生最大的效果，再结合《肌肉训练进化教程——微运动打造核心区》营养计划，短短几周内便可见到成效。到第8周的时候，不仅你的肚子变小了，健康水平也会提高，并且运动能力也可以提升一个级别。

皮质醇级联效应

皮质醇分泌释放脂肪酸并被输送到血液里。

为了保护器官，这些脂肪酸转移到腹部深处，这些脂肪被称为"内脏脂肪"。

脂肪堆积是为了保护身体。

你有不健康的内脏脂肪吗？

用双能 X 线吸收仪、核磁共振或者身体成分分析仪扫描是量化内脏脂肪的最佳方式，但由于大多数人没有时间或资源来测量，那么还有一个更容易的方法就是测量腹部的周长。用卷尺或者其他可弯曲的东西来测量。放在髋骨顶端，绕腰一圈，保持卷尺水平。对于女性来说，腰围超过 35 英寸（约 90 厘米），男性超过 40 英寸（约 102 厘米）则表示内脏脂肪不健康。

如果腰围超过规定的范围，那么你可能要面对与内脏脂肪有关的两倍风险。换言之，腹部脂肪过多不仅影响外表而且致命。

在本书的后面，你会发现一张跟踪测量表（见 188 页）。如果你的测量结果偏离了目标也别气馁。勤勤恳恳的训练并追踪测量，你会看到进步的。

唯一需要注意的是高强度间歇训练可不总是越多越好。高强度锻炼之所以有效的原因是它给了身体压力，这会引起有助于抑制腹部脂肪的激素释放，但是只有一点点。当身体要执行一项具有挑战性的任务，比如运动的时候，实际上造成了压力并且导致身体释放生长激素和睾丸素。这些激素能减少脂肪组织（脂肪），有助于减少囤积的腹部脂肪，使你的身体纤瘦和不再有额外的脂肪。然而，人体到底能承受多少压力，如果太频繁、太强烈的对身体施压，那就会从好压力变成坏压力，导致可怕的皮质醇释放。为了避免这种情况，重要的是给身体从高强度间歇运动恢复的时间，最好是 48 小时。出于这个原因，我设计了每周的锻炼时间表（见 167 页），在运动后有足够的时间既能让身体恢复又能保持运动的连贯性。在不做高强度间歇训练的日子，你可以选择低强度有氧运动和核心肌塑造练习来锻炼你的核心肌。这个方法可以在不造成过多压力的情况下，从规律的有氧运动中受益。

过度训练的影响

《肌肉训练进化教程——微运动打造核心区》巧妙地避免了过度训练。然而,如果你认为你可能存在用力过猛的风险,那么出现下列迹象的话,你要注意了。

心理方面	身体方面
生气	受伤几率的增加
疲劳	肌肉酸痛
睡眠问题	皮质醇水平升高(增脂剂)
抑郁	睾酮水平降低(减脂剂)

这种高强度间歇训练能令体内的内啡肽增高。身体分泌的内啡肽能令人身心愉悦,带给你快乐的感觉!

不再做好几个小时的有氧训练，终于有了更强健的腹肌

几年前，我决定找一个教练，因为我做了那么长时间的有氧运动，身体却没什么变化。一位朋友向我推荐了Allison，当我和她第一次见面，她让我提供过去一周的饮食和运动情况。她看了之后跟我说，我需要减少耐力性有氧运动（我平均每天2小时低强度和缓慢的运动），增加塑造核心肌的课程，减少热量消耗。这对我来说完全不合乎逻辑！如果我不争分夺秒的锻炼怎么才能减掉顽固的腹部脂肪？

但我还是决定先按照她的方法尝试两个月，因为我太想改变身材了，而且不管我怎么努力也甩不掉这些肥肉。我不再凌晨4点就起床锻炼（简直太棒了！），相反增加睡眠时间，这些都帮助我减少饥饿感且注意力更集中。一周做几次高强度间歇训练，同时结合她为我设计的核心肌塑造课程，避免糖类的摄入。坚持两周后，我感觉轻松不少；4周后，裤子明显宽松了；8周后，我减掉了7千克脂肪，腰围小了3英寸（约7.5厘米），臀部小了2英寸（约5厘米）。从此我迷上了核心肌训练，因为它锻炼少却能达到我要的效果，这简直令人难以置信！

第三步：

减重的饮食

《肌肉训练进化教程——微运动打造核心区》的饮食有两个基本准则：低热量和高营养。如果你能坚持这个准则，不仅腰围缩小，还会变得健康。我并不只是想让你拥有一个令人羡慕的核心肌，还希望你们有一个充满活力、精力充沛、健康的身体。你可能只是为了变得更漂亮才开始这个训练计划，但是如果你的饮食也按照这个计划来执行，你会养成持久的、健康的习惯，有助于降低患慢性疾病的风险。

准则一：低热量

减肥的基础科学要求摄入的热量（也称为能量）要少于消耗的热量。这就是所谓的热量赤字。为了确保每天都处于热量不饱和状态，你需要知道怎样精准计算摄入与消耗的热量。估算是无法满足减肥需求的，因为如果你一天能量的摄入量比消耗量多 100 千卡，那么一年下来你的体重会增加十千克。你没看错，每天摄入额外的 100 千卡就能大大影响你的腰围。根据美国农业部（USDA）公布的最新数据显示，美国人每天平均摄入 2569 千卡，这些热量大多数是碳水化合物、糖和脂肪。不幸的是，摄入的热量远远超过满足一个美国人日常所需的热量。让我们来看一个例子：伊丽莎白，40 岁，身高 5 英尺 5 英寸，体重 150 千克，通常每周以中等强度运动 3 天。

按她的年龄、性别、体重和活动水平，要想维持现在的体重，伊丽莎白每天应该摄入 1851 千卡（在下面几页里，我会教你如何计算）。超出 1851 千卡的所有热量会逐渐导致体重增加。

为了减肥要计算每天的热量

我们知道大多数美国人都摄入太多的热量而且没有足够的运动来把摄入的热量消耗掉。但是怎么知道你需要摄入多少热量才会变瘦？首先，为了保持基本的身体功能，你要确定你的身体能消耗多少热量。这个热量消耗的基准称为静息代谢率（有时被称为静息能量消耗），而且是身体24小时处在休息状态时的热量消耗。换句话说，如果你正处于每日久坐的生活方式中，为了维持体重，你的静息代谢率就是你每天需要摄入的基础热量。虽然计算静息代谢率的算法有无数种，但是在健身行业里，Mifflin公式仍然是黄金标准。

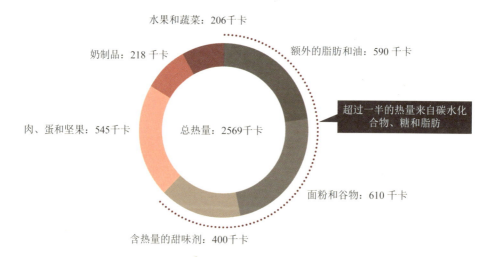

典型的每日热量摄入

将通过 Mifflin 公式计算出的结果乘以你的活动水平，才能得出每日真正消耗的热量数。你打算进行的有氧运动项目反映了你的活动水平。举个例子，刚开始核心肌训练的时候，如果你觉得自己不是很适应，可以选择 1 级的有氧训练内容，所以你的活动水平为 1.375。如果你有一定的运动基础，想要选择更具挑战性的训练，可以选择 2 级或 3 级的训练内容，并用相应的活动系数来计算。

为什么不能吃减肥药？

根据最近的一项调查显示，在美国，1/3 的节食者使用补充剂来减肥。相同的研究表明，大多数人都不知道这些补充剂并不受美国食品和药物管理局（FDA）监管，一些有严重的副作用，包括抑郁、恶心和心脏病。

FDA 批准和召回处方减肥药已经有很长的时间了。1947 年，脱氧麻黄碱作为第一个被批准但后来因为副作用，被严格限制使用的药物被禁用。在过去的几十年里，批准了很多药物，但后来因出现心力衰竭的现象而被召回。关于对目前 FDA 批准的减肥药的研究表明，这些药物必须配合饮食和运动才能达到效果。此外，一旦停药，大多数会在一年内出现反弹。

少吃多动仍然是减肥和保持身材最安全、最有效的方法。

如何计算你的静息代谢率?

[体重(千克)×10](英镑×0.45)+[身高(厘米)×6.25](英寸×2.54)-(年龄×5)-161。

Mifflin公式是计算静息代谢率的黄金标准。

我们还以伊丽莎白为例,40岁,身高5英尺5英寸(165.1厘米),体重150磅(67.5千克),那么她的静息代谢率计算如下:

静息代谢率=[10×67.5]+[6.25×165.1]-[5×40]-161

她的静息代谢率就是1346热量。

怎样知道你每周的活动系数?

核心肌训练	活动系数
一级	1.375
二级	1.55
三级	1.725

例如:伊丽莎白想选用一级核心肌训练。

用她的静息代谢率乘以一级活动系数。

$$1346 \times 1.375 = 1851$$

如果要维持她现有的体重,这就是她每日的应摄入热量总数。如果要减肥,她需要每天少摄入500千卡,将总摄入量控制在1351千卡左右。所以她每日摄入数要控制在1400千卡。

静息代谢率 × 活动系数 -500千卡 = 减肥时每天的热量目标

除了本书的运动之外，如果训练安排还包含额外的锻炼，你可能走进了高活动系数的误区。不论怎样，以较低的活动系数开始运动是最安全的，必要时也可增加一定热量摄入。我们中的大多数都不能对消耗的热量有一个准确的认知，不是过高就是过低。

将静息代谢率乘以活动系数，就能准确知道你每天需要摄入多少热量才能维持现有体重。要想瘦几千克（或者瘦得更多）、紧致腹部的话，必须保证实际热量摄入量低于这个数字。

节食的危害

▶ 快速减肥通常减掉的是肌肉和水，而非脂肪。
▶ 增加患心脏病、癌症、骨质疏松症和肝脏疾病的风险。
▶ 限制主要食物的摄入会导致营养不良。

1磅（约450克）脂肪等于3500千卡的热量，要想减掉一千克脂肪，你的热量赤字就是3500千卡的热量。根据热量的摄入与消耗，一天或者甚至几天都达不到这个热量赤字。假如你每天的摄入超过了1400千卡的热量，那么必须通过运动来消耗额外的3500千卡的热量。也就是说，这相当于每天要跑35公里。

通过少吃多动相结合的方式是保持每天500千卡热量赤字更可持续和现实的方法。训练一个星期后会瘦1磅。如果想减30磅，你会发现刚开始体重下降特别快，但是当减到最后的5～10磅，减肥的速度必然会放慢。总结一下：通过8周的核心肌训练，预计可减重8～16磅，如果锻炼得当还能勾勒肌肉线条。

一周减一磅听起来很慢，因为按照你以前的饮食计划可能在短时间里减得更多。事实上，你也可以按照这些计划来减重，但我猜体重一定会反弹，否则你也不会看这本书。事实上没有又快又简单的减肥方法。当你特别严格的限制饮食，可能会5天就能瘦5磅，但是这5磅瘦的可不是脂肪，而是水份。

如果你第6天吃一个面包圈，那5磅马上就回来了。怎么回事儿？原因是人体每摄入1克碳水化合物会储存3～4克水。也就是说，每摄入400克碳水化合物，身体会储存16盎司（1磅）的水。每天减少400克碳水化合物的摄入，就能"瘦"1磅。但是，这只是在减少水合作用，而水合作用是长期减重的关键因素。长期减重是要减脂而非让身体脱水。

瘦肌肉要素

难道去脂体重不是身体消耗多少热量的决定要素吗？不计其数的博客、健身文章和其他媒体都声称肌肉燃烧的热量要比脂肪多50倍。增加10千克肌肉能使每日的静息代谢率增加500千卡热量。这种遍布全世界健身房里的伪科学对话在我看来简直就是废话。代谢率增加500千卡热量听起来挺诱人，但它太不真实。

大量科学研究一致表明，当处于休息状态，1磅肌肉大约消耗6千卡热量，而1磅脂肪只消耗大约2千卡热量。换句话说，10磅肌肉每天要比10磅脂肪多消耗40千卡热量。如果你吃两个鸡蛋白，一大口面包圈，或两个玉米薄饼，你已经超过额外的能量配额。没有你想得那么多，是吧？

虽然身体成分对你的静息代谢率确实有一定的影响，但很难真正解读你的去脂体重。最准确测量体成分的设备特别贵，但还有很多种其他容易测量的工具。你可以根据身体的适应情况对基础代谢率算出的热量目标做一些适当的调整。

瘦肌肉的好处

- 肌肉比脂肪看起来要紧实，而且同样质量的肌肉比脂肪占用的空间更小。
- 脂肪往往会引发心脏疾病、Ⅱ型糖尿病、中风和老年痴呆等病症，但是肌肉就不会成为这些病症的诱因。
- 更强健的肌肉能让你承受更高的训练强度，而这种训练强度，又能反过来促进卡路里的消耗，从而进一步消耗脂肪。

限制热量的危害

为了更快速的减重，你肯定想努力获得一个更大的热量赤字。如果你和大多数美国人一样（超重30～40千克），把你的静息代谢率与活动系数相乘，结果应该在1600～1700千卡热量之间。因为这个热量数对于维持现有体重很重要，节食者会大幅度减少摄入的热量以便每天获得更大的热量赤字。归根结底，要想减重，摄入的热量一定要低于基础代谢率。虽然从数学的角度来看这个想法是对的，但是经常性摄入低于1400千卡的热量带来的危害远远大于最初减重的时候。

经常性摄入低于1400千卡的热量带来的危害远远大于最初减重的时候

许多研究表明，严格限制热量摄入并使其低于静息代谢率的人有时竟高达16%。如果你的静息代谢率变低，那么身体在处于休息状态时消耗的热量就会变少，即便是恢复到健康的热量摄入水平，你的静息代谢率还是偏低。更糟糕的是，如果你严格限制热量的摄入且体重快速下降，那么体重反弹的几率也会大大提升。

母乳喂养的时候如何调整热量摄取？

如果你正在母乳喂养，那么还按照这个计划执行会让婴儿的体重也下降，所以你的静息代谢率要每天增加200~500千卡的热量。而且一定要得到医生首肯才能开始运动或是高强度间歇训练。保持身体的水分含量，每天要摄入相当于体重一般数量的水［例如一个体重150磅（约68千克）的女性，每日需要摄取75盎司（约2升）的水分］。怀孕期间人体会发生腹直肌分离，在你准备锻炼开始核心肌肉之前，需要得到医生的许可。

学习如何计算热量

作为一个专业学习过健身的人，没有什么比那些说计算热量不重要的饮食和减重计划更能激怒我了。"不再计算热量，只是遵照这个超级严格的计划就能减重"！假如你能遵照书里所说的这些计划执行，肯定会瘦的，因为核心肌计划已经为你计算好了热量！没有绝对科学的计算热量摄入和消耗的方法。身体消耗热量是因为体内能量充沛，每一次身体的移动都要消耗热量。当摄入的热量大于消耗的热量，身体就会以脂肪的形式将热量储存起来以便于之后将其转化成能量。问题是大多数人却再也没能将这些储存的热量消耗掉。有一个减重准则：摄入更少的热量，同时消耗更多的热量。所以来算一算吧，记录你摄入的热量可能既耗时又乏味，然而，它却能很神奇地帮助你控制好你的体重。

热量摄入太低的标志
- 慢性疲劳
- 情绪波动
- 闭经（停止月经期）
- 快速和持续减肥[一周5磅（约2.3千克）以上，连续超过4周]
- 血液循环不良/手脚冰凉
- 失眠等睡眠紊乱

最开始的几周里，计算热量最频繁，这也是为什么核心肌计划的饮食部分还包括菜单示例、100千卡热量的配餐及每日热量记录的原因。用于计算每日热量目标的活动系数要考虑到核心肌塑造训练和有氧运动所需的能量（或热量）。虽然我在书中列出了有氧运动的热量消耗，但是你不必担心总热量消耗。坚持运动和注意饮食，完成每日的热量目标其实很容易，而且你会变得越来越苗条哦。

摄入 < 消耗 = 成功减重！

准则 2：高营养

既然你已经开始每天计算摄入的热量数，那么现在是时候关注一下这些摄入热量的质量了。核心肌的饮食侧重于选择促进燃脂的食物，主要为有机水果和蔬菜、瘦肉、不饱和脂肪和全谷碳水化合物。这个计划并不难坚持。如果你每天都吃这些食物，很快就会拥有令人羡慕的核心肌。我的想法是让你的身体和你的口味都习惯于既简单又营养的食物，这样不仅会缩小腰围，还会滋养整个身体。《肌肉训练进化教程——微运动打造核心区》中选择的食物之所以能帮助燃烧脂肪是因为他们满足以下 3 个关键要求：

- 高营养、低热量、低糖和低饱和脂肪
- 大多数市场都买得到
- 易准备且经济实惠

第一个要求一点也不足为奇，每个健康饮食计划中都应该包含营养丰富的低热量食物。但怎么准确的知道食物是否符合高营养的要求呢？它们必须含有大量的微量营养素（维生素、矿物质和氨基酸）、含糖量低（每份含糖量应少于 5 克），并且能够降低慢性病和其他疾病发生的可能性。我所选择的所有食物都是新鲜的。为了方便起见，我也列出了一些冷冻食品作为选项以备不时之需。有时候，尽管做好了计划和安排，可是我们所处的生活环境似乎总是使日常生活变得很复杂，因为我们也不是经常有时间从头开始准备一顿饭。我选择的冷冻食品都是高营养且几乎不含有防腐剂或钠的。

在大多数减重计划里通常不考虑第二个和第三个要求。在设计《肌肉训练进化教程——微运动打造核心区》的饮食部分时，我把重点放在了食物的成本和可获得性上，因为我希望这些食物很容易买到并且很便宜。在我知道人们减重的 15 年里，每一个本书里提到的为什么不能遵循这个计划的借口我都听到过。抱怨最多的就是"是否便利及成本多少"。如果你曾经参加过让你买大白菜和自由放养的鹿里脊肉的训练计划，你就明白我说的意思了。便利和成本是决定能否长期坚持的必要条件。

我曾将我的高营养、低热量的食物清单与美国农业部的食品供应清单及每项成本进行比较，我是想给你一份既对身体好又经济实惠的食物清单。例如，在营养素密度方面，黑莓排在榜首，但价格也很高（几乎是蓝莓价格的两倍），而且在非应季时节很难找到。由于这个原因，你会看到我提供的清单上是蓝莓而不是黑莓。

其他在营养素密度上排名靠前却没有因为价格和可用度而摒弃的食物有番石榴、菊苣、甜菜、麋鹿肉和夏威夷果。如果你想在饮食中加入这些食物，请继续！只要确保它们的热量含量，并在你的饮食日志中记录好，这样你每天的热量摄入量就会被有效控制。

摄入钠过多真的会影响你的腰围吗？

总是有人告诉我们说减少多余的钠是为了避免高血压，但是高钠饮食对健康的危害远不止这一个问题。研究表明高钠饮食与皮质醇水平升高之间存在直接关系。高皮质醇水平会发生连锁效应，使得身体的器官周围产生内脏脂肪（见第34页）。此外，高钠饮食与代谢综合征更直接相关。建议每日钠摄入量是1500毫克，或四分之三汤匙的食盐。

《肌肉训练进化教程——微运动打造核心区》提倡低钠饮食，但下面这份健康食品的清单里含有一小部分高钠食物。请适量食用：

- 贝类（尤其是虾）
- 熏肉和鱼
- 熟食肉类
- 酱油、鱼露、红烧酱油和其他酱油
- 速食汤

《肌肉训练进化教程——微运动打造核心区》食物清单

蔬菜
- 芦笋
- 花椰菜
- 球芽甘蓝
- 白菜
- 萝卜
- 菜花
- 绿叶蔬菜：甘蓝、菠菜、芝麻菜、羽衣甘蓝、甜菜等
- 豌豆
- 辣椒：红色、黄色、橙色
- 新鲜西红柿

水果
- 苹果
- 香蕉
- 蓝莓
- 葡萄柚
- 橙子
- 草莓

蛋白*
- 牛肉（瘦肉至少90%）
- 鸡胸肉
- 蛋
- 海鲜：鳕鱼、鲑鱼、鲔鱼
- 贝类：蛤、牡蛎、蟹
- 火鸡胸肉（不添加硝酸盐）

*有机的、自由放养的 / 野生的

脂肪
- 杏仁
- 牛油果
- 橄榄油
- 花生
- 开心果
- 葵花籽

谷物和碳水化合物
- 糙米
- 燕麦
- 玉米粥
- 藜麦
- 南瓜
- 甘薯/山药

豆类
- 黑豆
- 鹰嘴豆
- 扁豆
- 花豆
- 豆腐

调整饮食让你的身体改头换面

毫无疑问,那些在"对你有好处"的食物中排名最高的都是水果和蔬菜。尽管所有的研究表明水果和蔬菜有促进脂肪消耗和对抗疾病的益处,但美国人对这两类食品的摄入量远少于推荐量。相反,我们摄入的是超过推荐量的动物脂肪和精制谷物,这两者令我们的腰围不断增大。

减少精制谷物和谷蛋白

说到谷物,美国人的饮食主要集中在小麦上。截至2010年,人均小麦年消费量竟然达到137磅(约62千克)。不幸的是,这137磅的小麦几乎都以精制和加工的形式出现在我们的饮食里。根据最新数据显示,只有7%的美国人食用推荐的全谷物食品,但我们仍在食用比推荐量更多的全谷物食品,我们平均每天吃6.68盎司(约200克)的谷物,而其中的5.61盎司(约160克)谷物都是经过加工的。

精制谷物会增加多余的体重,因为从谷物中剥离麸皮和胚芽的过程也会剥掉纤维,从而使身体迅速消化谷物,同时也会使胰岛素飙升。如果你的身体正在快速消化食物,那么你就容易摄入更多的热量,因为没有饱的感觉。由于对这些额

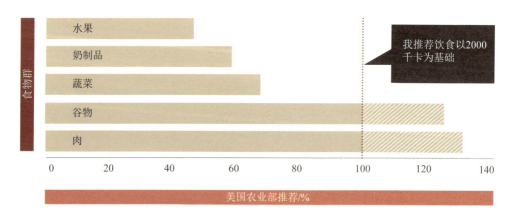

我们的饮食缺少什么?

解码谷物

很多关于全麦的糟糕决定都归咎于标签。一块标有"全麦"的面包可能只含有1%的全麦和99%的精制谷物。有些被贴上了"小麦面包"的标签,但并不意味着它们含有全谷物的小麦,它们很可能是经过加工和精炼的,失去了营养成分,并添加了额外的糖分和防腐剂。

为了更好的选择全谷物食品,你需要能解读包装上的术语,以便于选择那些高营养和有利于保持令人艳羡核心肌的谷物。

全谷物食品。谷物中的"全"一词意味着使用整个谷粒,没有任何东西损失或流失。整个谷粒包括三部分——胚乳、胚芽和麸皮。

精制谷物。经过精制处理,通常是通过漂白和溴化等技术,去除了谷粒的麸皮和胚芽。

加强型谷物。由于精细加工使得营养大量流失,因此加强型谷物是添加营养成分的谷物食品。通常先对谷物进行加工(麸皮和胚芽),然后"添加"流失的营养物质,如纤维、铁元素和叶酸。但很多时候,这种食品中添加的营养成分并不相同,例如,金属铁可以作为天然存在的铁元素的替代品。此外,添加的营养成分通常只补充了谷物所含原始营养的一小部分。

强化谷物。强化谷物是指谷物中添加的营养可能存在于原始谷物中,也可能不存在。对强化食品最大的指责之一是,添加的营养物质通常更难被人体吸收。

这么多不同的术语,我们怎么知道哪些是健康的谷物呢?要鉴别哪些食物含有全谷物食品,最简单的方法就是找到全谷物委员会发布的全谷物标志。

"基础标志"是用来做一些含有全谷物的食品,但产品中没有100%

使用全谷物。"100% 标志"表示产品中使用的是 100% 全谷物。尽可能多食用有 100% 标志的产品，尽管有基础标志的产品也不错。也有些天然的全谷物食品没有全谷物标志。下面的谷物和稻科植物都是天然的全谷物。

天然全谷物选项

苋属植物	玉米粥
糙米	藜麦
荞麦	高粱
小米	苔麸
燕麦	野生稻米

外摄入热量的反应，身体会释放大量胰岛素导致血糖像坐过山车一样忽高忽低。哈佛大学公共卫生学院的科学家们说："易被消化的精制碳水化合物……可能会导致体重增加，并诱发糖尿病和心脏病。"

除了避免精制碳水化合物，如果你能在 8 周内避免饮食中出现谷蛋白，那么减肥计划就能前进一大步了。清单上的所有谷物都是全麦的，而且都是无谷蛋白的。无谷蛋白的烹饪书籍及产品在市场上随处可见，你可能以为我的核心肌营养计划只是一种饮食群体思维的反映。事实上，避免谷蛋白的摄入是一种对缩减腰围、消除小肚腩、避免摄入糖过多很有效的方法。

小麦、大麦和黑麦这三种谷物都包括谷蛋白。当你在进行《肌肉训练进化教程——微运动打造核心区》训练计划的时候，完全可以把这些谷物换成糙米、燕麦、藜麦和野生稻米。我之所以把这些谷物列在食品清单中，是因为它们很容易在市场买到，而且价格实惠。如果你喜欢吃其他无谷蛋白的全谷类食物，可以添加到你的饮食中去。一旦你完成了这个项目的训练，就可以重新开始食用谷蛋白，以营养丰富的全谷物作为饮食均衡的一部分。

多食蔬菜

为了让《肌肉训练进化教程——微运动打造核心区》中的饮食安排发挥作用，你一定要多吃蔬菜。对我们大多数人来说，这是对生活方式最大的改变。人们总是有很多借口拒绝吃蔬菜，但我在客户中发现的最常见的逃避形式就是蔬菜很贵（除了说蔬菜太恶心这个理由之外！）。尽管这种看法很普遍，但实际上大多数蔬菜不仅经济实惠，而且方便购买。

根据美国农业部的一份报告，人们要每天摄入价值2美元的蔬菜和水果。从这一点上看，每天喝星巴克咖啡的成本（甚至不包括普通饮料，只是普通的滴滤咖啡）足以满足你每天的蔬菜摄入量。在选择食物的时候，花点时间坐下来评估一下你的财务状况。我猜你有足够的钱去吃得更健康，尽管你可能得放弃一些除了便捷、额外的热量和舒适之外什么也给不了你的食物和饮料。

短购物清单的妙处

看一看《肌肉训练进化教程——微运动打造核心区》中的食物清单，你可能觉得它太苛刻。如果想吃不在清单上的东西怎么办？虽然很难把你的饮食集中在一份简短的食物清单上，但要记住，太多的选择往往会做出不佳的判断。多年来，我一直在尽可能为我的客户制订减肥计划：让他们选择自己喜欢的食物，每周给他们制订新的膳食计划，并让他们坚持一个稍微有点儿重复的饮食计划。无疑大多数取得成功的计划都是那些能让客户们有规律的、能坚持下来的计划。建立健康的食物选择机制意味着要制订一份能给你带来最大效益的简短清单，这正是食物清单能为你做的事。

农产品购买指南

12大最脏蔬果（有机的）

芹菜	蓝莓	甘蓝
桃子	油桃	樱桃
草莓	青椒	土豆
苹果	菠菜	葡萄（进口）

15大最干净蔬果（低农药）

洋葱	甜豌豆	哈密瓜
牛油果	芦笋	西瓜
甜玉米	猕猴桃	葡萄柚
菠萝	卷心菜	甘薯
芒果	茄子	蜜瓜

在购买农产品的时候，有机食品是更好的选择，但是如果你的预算有限，就要多留意那些农产品，因为这些农产品在成熟时，往往会携带最高浓度的农药。

既然你已经掌握了不同食物会影响腰围的知识，那么现在是时候实施这个计划了。从第141页开始，我将具体解释如何实施饮食计划。我制订了膳食计划、食谱和饮食日志来帮助指导你。可能你会更喜欢用智能手机的app记录饮食，或者像我一样，在包里放一个小笔记本，这样就不得不写下神奇出现在抽屉里的3个士力架。

当你没有时间、没有创造力、没有烹饪技巧时，就会吃得健康

我也是那些长期节食者中的一员，尝试过书中的每一个计划但是并没什么作用的理由很简单：我不会做饭。这样说吧，如果有一天我做了一个三明治出来那简直就是个奇迹了。

我曾尝试过培养烹饪的兴趣，但是多年过后，我的冰箱里那些成堆的新鲜蔬菜和肉，有75%的食物都浪费掉了，在那里渐渐腐烂。终于，我不得不面对现实，再也不做饭了，永远也不了。我对厨房不感兴趣一直是我减肥和保持身材的最大阻碍。晚上8点，我又累又饿，家里没有吃的，突然我想到了好主意，然后我就去了街边的墨西哥餐馆。

《肌肉训练进化教程——微运动打造核心区》的饮食部分基本上解决了我所有的烹饪问题。这些提供的选择不仅餐馆里有，而且杂货店里也有现成的，甚至还有如何指导你选择健康的冷冻食物。这是一个真正为人们着想的计划！甚至我听说，在好市多（Costco，美国连锁超市）这样的地方，我可以吃大量的白煮蛋，而且总是有健康的酒吧，可以让我避免做出可怕的决定。我也很喜欢这份有40种食物在上面的清单。我牢牢记住了这个清单，它把我在食品选择上的问题全部解决了。事实上，这40种食物都很容易找到，而预算也是这一计划得以实现和具有可持续性的原因。我终于找到了适合我生活方式的减重计划！

《肌肉训练进化教程——微运动打造核心区》计划

《肌肉训练进化教程——微运动打造核心区》的塑造训练

现在让我们一起学习如何塑造核心肌！在这一章里，有 30 种不同的练习，每一种都有一个简单、适度和具有挑战性的变化来适应你当前的体能。你可以选择最适合你整体体能级别的运动。因为我们的肌肉不平衡和力量水平都不同，我建议你选择适当级别的运动，而不是单纯地做，例如，2 级运动课程是由 90 个不同动作组成的三个类别的运动——平衡+等长收缩、推+拉，及扭转和屈体。《肌肉训练进化教程——微运动打造核心区》能锻炼到所有的上腹部肌肉，从而建立一个强健、性感的核心肌。

当我们频繁开始一项任务以提高我们的核心力量时，往往会变得漫不经心，这就是我们多年来学到的混乱的锻炼方式。你犯的最大的错误是以为仰卧起坐是锻炼核心肌的最快捷径。这不仅增强了已经很强壮的肌肉，而且还加剧了核心肌肉前部和背部之间的力量差异，而且最终会使你的身姿变得更糟。为了用一个有序的、科学的方法来训练所有的核心肌肉，却不忽视或过度训练任何特定的区域，我创建了一个包含三种不同类型练习的核心肌塑造项目。在核心肌塑造、肌肉活化和力量方面，每一个项目都有不同的目的。

平衡+等长收缩。不断培养调动深层核心肌肉的能力，这样能从所有的核心肌塑造动作中收获更多。

推+拉。当你正面移动（向前和向后）时，为了保持稳定性，锻炼了所有与骨盆和脊柱相连的肌肉。

扭转和屈体。锻炼核心的旋转型肌肉来增强动力性力量。

在我的训练计划里，所有的核心肌塑造练习都有两个共同点：

1. 不需办健身会员；
2. 对所有的核心肌肉都同样关注。

平衡 + 等长收缩

这些运动是建立持久、有效核心力量的基础。这类运动的重点是获得核心肌肉，这些肌肉往往是最难被唤醒的。几乎每一项运动都要求你在指定的时间内摆一个特定的姿势（这就是为什么它是等长的），这很有挑战性，同时也有点让人沮丧。在这些训练中，你需要保持高度集中，所以千万别溜号！培养调动深层核心肌肉的能力是完成其他训练中更复杂动作的必要条件。

1　平板支撑 ………………………………………… 62
2　腹横肌激活 ……………………………………… 64
3　侧平板支撑 ……………………………………… 66
4　单腿平衡 ………………………………………… 68
5　靠墙静蹲 ………………………………………… 70
6　弓箭步 …………………………………………… 72
7　鸟狗式 …………………………………………… 74
8　船式 ……………………………………………… 76
9　超人系列 ………………………………………… 78
10　直臂平板支撑系列 ……………………………… 80

1 平板支撑

重点锻炼从肩部到臀部的肌肉

LEVEL 1

LEVEL 2

LEVEL 3

开始进行核心力量训练最具标志性的运动就是平板支撑。身体与地面保持平行位置，身体与重力进行对抗，支撑体重的就是核心肌。

平衡＋等长收缩　核心肌塑造

以膝盖支撑

▶ 一组坚持 20 ~ 30 秒

俯卧。前臂平行放置于地面，像狮身人面像一样。保持颈部前倾（不要向上或向下看），前臂上推，挺起胸部。保持跪姿，使腹部和臀部保持在同一平面。尾椎骨朝向地面，腰部轻轻朝向天花板。这是一个微妙、自然的动作。保持这个姿势并均匀呼吸。

以脚趾支撑

▶ 一组坚持 30 ~ 45 秒

前臂平行放置于地面。前臂上推，挺起胸部。努力使腹部和臀部保持这个姿势。保持颈部前倾，耳朵和肩膀在一条线上，保持这个姿势并均匀呼吸。当你疲劳时，身体可能会发生抖动和臀部高耸。努力保持臀部不要远离地面，肩膀位于手的上方，尾骨略微内收！

单肘抬高

▶ 一组每侧重复 10 次

这个版本的平板支撑重点仍在于躯体的等距支撑，但是手臂会慢慢向一侧抬高并保持。从基本的平板位置开始，然后慢慢向一侧抬起手臂，当你的肘部达到肩膀高度时停止。收回前臂置于地面，然后抬起另一侧手臂。交替手臂动作完成训练。

2 腹横肌激活

CORE FOCUS | 重点锻炼腹横肌

LEVEL 1

LEVEL 2

LEVEL 3

腹横肌（TVA）是最深层的腹部肌肉，大多数人都没能好好利用它。强健的 TVA 会改善身姿，支撑你的腰部，并增加四肢的能量输出。练就一个强健 TVA 的第一步是学习如何激活它。这个训练能促进神经和肌肉的联系。

平衡 + 等长收缩　核心肌塑造

单脚着地

▶ 一组 3 次，每条腿重复 6 秒

仰卧，双膝弯曲，双脚着地并离臀部约 12 英寸（约 30 厘米）的距离。抬起一条腿，膝盖呈 90°，小腿与地面平行。保持膝盖位于髋关节上方，不要靠近胸部，因为这个动作可以激活腹直肌，所以我们要让肌肉尽可能保持放松的状态。将双手放在大腿上，双手轻轻推向大腿，同时抵抗大腿对双手的施力。这是一个等长收缩动作，所以你看不到腿部的移动。推 6 秒，然后休息 6 秒。完成 1 组后，换另一条腿。

双脚抬起

▶ 1 组 4 次，每次 6 秒

仰卧，抬起双腿与地面平行，与小腿呈 90°角。保持膝盖位于臀部上方。把手放在同侧的大腿上，手和腿同时用力。在这里，给自己制造阻力，尽可能用力推！推 6 秒，然后休息 6 秒。

单腿伸展

▶ 1 组 4 次，每次每条腿重复 6 秒

首先仰卧，双腿呈 90°角，然后一条腿伸直，双手放在保持弯曲的腿上。推 6 秒，然后休息 6 秒，换另一条腿。当运动变得更具挑战性时，记得头部保持放松。

《肌肉训练进化教程——微运动打造核心区》计划

3　侧平板支撑

重点锻炼腹外斜肌和腹内斜肌

LEVEL 1

LEVEL 2

LEVEL 3

侧平板支撑是加强核心肌群必不可少的锻炼，因为它能调动超多的肌肉纤维。虽然很困难，但很值得！

单膝支撑侧平板

▶ 每侧坚持 20 ~ 30 秒为 1 组

首先侧卧，将一只手臂放在肩膀下方的地面上。左腿弯曲，右腿伸直。如果你需要，可以把右手放在地面上用于支撑，如果不需要，将右臂放在身体侧面或臀部，这样可以激活更多的核心肌肉。左臂用力向下推，同时尽可能地抬高臀部，保持左腿的膝盖位于地面。保持这个姿势 20 ~ 30 秒，然后换另一边重复动作。

无支撑侧平板

▶ 每侧坚持 30 ~ 45 秒

侧身，手臂与肩膀在一条直线上，双腿伸直。将右手臂放在身体侧面，用左手肘和左前臂向下推，同时将臀部抬高。时刻保持身体从肩膀到脚踝呈一条直线。

伸展侧平板

▶ 每侧坚持 45 ~ 60 秒为 1 组

保持侧平板支撑姿势，肘部位于肩膀下方，双腿伸直。用左手肘和左前臂向下推，同时抬高臀部，保持身体从肩膀到脚踝呈一条直线。右手向上伸展，保持稳定，然后换另一侧。

4 单腿平衡

重点锻炼臀部和臀外旋肌

LEVEL 1

LEVEL 2

LEVEL 3

单腿运动在核心训练中起到什么作用？它能提高骨盆的稳定性。当你抬起一条腿，骨盆自然会向站立的那条腿移动，以便尽可能在那条腿上施加重量。通过加强站立的那条腿的臀肌，你会感到更稳定和安全。如果掌握不好平衡，请尝试在一个稳定的台面或地面做这个练习。

单膝向前

▶ 每条腿坚持 20～30 秒为 1 组

站立，双脚距离小于臀部宽度，双手放在髋部。把重心放在一只腿上，慢慢抬起另一只腿。站立的那条腿的臀部受到挤压，抬起的腿呈 90°，保持膝盖与臀部在同一水平线上。

单膝向外

▶ 每条腿坚持 30～45 秒为 1 组

站立，双脚距离小于臀部宽度，双手放在髋部。抬起一条腿至 90°，然后慢慢将它向侧面打开并保持。如果臀部感觉太紧，无法抬至 90°，那么就尽可能抬到更高。保持这个姿势的同时，保持臀部的稳定。

手臂伸展

▶ 每条腿坚持 45～60 秒为 1 组

站立，双脚距离小于臀部宽度。慢慢地弯曲膝盖向外打开并保持。双手举过头顶，手掌相对。这个动作能锻炼站立的那条腿的臀肌。

5 靠墙静蹲

重点锻炼臀肌、腘绳肌和股四头肌

LEVEL 1

LEVEL 2

LEVEL 3

这个运动看起来一点也不像能锻炼到核心肌。但是别忘了，股四头肌、腘绳肌和臀肌都是核心肌的一部分，因为它们都与骨盆相连。此外，脊柱周围的肌肉也保持了上半身的良好姿势。

双脚静蹲

▶ 坚持 30 ~ 60 秒为 1 组

背靠墙站立，双脚与肩同宽。双脚离墙面 2 英尺（约 60 厘米），缓慢靠墙下蹲。尽可能下蹲，但大腿和小腿之间的夹角不能低于 90°。保持后脑、肩胛骨和臀部紧靠墙面。最理想的是腰背部也紧靠墙面。

交替抬脚静蹲

▶ 每条腿坚持 10 秒，3 次为 1 组

缓慢靠墙下蹲，保持头、肩胛骨和臀部紧靠墙面。抬起一只脚至离地 6 英寸（约 15 厘米），坚持 10 秒。轻轻把脚放下，换另一只脚，坚持 10 秒钟。继续交替抬起，直到完成 1 组练习。这个动作的重点在于将整个脊柱都紧贴于墙面。

腿部伸展静蹲

▶ 每条腿坚持 10 秒，5 次为 1 组

背部靠墙下蹲，尝试将大腿平行于地面。将整个脊柱贴紧墙面，收缩股四头肌并将一条腿伸直。尽可能保持这个姿势。如果一开始觉得太难，那就坚持 2 ~ 3 秒，逐渐增强耐力。

6 弓箭步

 重点锻炼臀肌、腘绳肌、股四头和内收肌

就像单腿平衡一样，弓步会调动核心肌来保持上半身的中正并防止身体倾斜。刚开始可以在一张桌子或椅子旁边做这个练习，这样可以在必要的时候保持稳定。

双手叉腰

▶ 每条腿重复 10 次为 1 组

一脚向前跨一步，前脚与后脚间隔 3～4 英尺（约 90～120 厘米）。保持双脚与髋部同宽，夹紧肩膀，挺胸，头部中正。双手放在髋部（或者轻放于桌子或椅子上），下蹲。注意保持身体中立，不要前倾！蹲起 10 次，换另一侧。

双臂上举

▶ 每条腿重复 12 次为 1 组

一脚先前跨一步，双脚与髋部同宽。双臂伸直向上，掌心相对。保持头部中正。挺胸收腹，身体呈弓箭步。保持身体中立，蹲起 12 次，换另一侧。

闭眼双臂上举

▶ 每条腿 15 次为 1 组

闭眼更具有挑战性。一脚向前跨一步，双脚分开与髋部同宽。双臂向上伸直，掌心相对。保持头部中立，肩胛骨下沉。闭上眼睛，你会有身体不平衡的感觉。收紧核心肌，缓慢控制后腿膝盖。如果你觉得很难保持平衡，那就睁开眼睛，恢复保持平衡。后腿膝盖向下压，然后恢复起始位置。

7 鸟狗式

CORE FOCUS | 重点锻炼整个核心肌肉组织

鸟狗式是一项身体左右两侧交叉进行的运动，即非同侧的手和脚互相协调进行运动。这又是一个看起来简单但实际上很有挑战性的动作。运动中不要急促呼吸，重点在于运动的质量而非速度。

四足跪姿

▶ 每侧重复10次为1组

四足跪姿（手和膝盖着地），手位于肩膀下方，膝盖位于臀部下方。保持头部中正，一只手臂向前伸展，另一侧腿向后伸展。保持手臂和腿与地面平行，并尽可能伸展手臂与腿部。坚持几秒，恢复到起始体位，重复10次，换另一侧。

前臂平板支撑

▶ 每侧重复12次为1组

手臂置于肩膀下方，前臂平板支撑体式。一只手臂向前伸展，另一侧腿部向后。尽可能伸展全身，并保持身体与地面平行。坚持这个姿势几秒钟，恢复到起始体位。重复12次，换另一侧（如果感到平板支撑难度过高，可以膝盖着地以改良版平板支撑姿势进行）。

直臂平板支撑

▶ 每侧重复15次为1组

从直臂平板支撑或俯卧撑体式。重点在于臀部下压，当抬起一条腿时，向前伸展另一侧手臂。坚持几秒，手臂和腿恢复到起始体位，收回时手和脚同时触地。这个练习更具有挑战性，所以当你完成15次的时候，试着放慢呼吸，然后换另一侧。

8 船式

CORE FOCUS | 重点锻炼腹横肌、竖脊肌

LEVEL 1

LEVEL 2

LEVEL 3

船式是瑜伽中的代表性动作之一，它通过坐姿增强平衡力。这个动作有无数的变化体式，但在这个课程里，我们将重点放在等长方面的动作。

双脚着地

▶ 坚持 20 ~ 30 秒为 1 组

从坐姿开始。弯曲膝盖，轻轻地把脚跟放在地上，离臀部约 2 英尺（约 60 厘米）。伸展脊椎，肩胛骨下压，颈部保持中立，视线保持水平。双臂伸直向前与地面平行，手心向上。身体缓慢向后倾斜，直到感觉到核心肌在颤动。当你保持这个姿势时，可以感到脊椎被拉长。

双脚抬起

▶ 坚持 30 ~ 45 秒为 1 组

从坐姿向后倚靠，进入船式。当肩胛骨下压时，拉长脊椎并保持颈部中立。抬起脚跟直到小腿与地面平行。双臂向前伸展，手心朝上，双臂平行于地板，保持这个姿势。

双臂伸展

▶ 坚持 45 ~ 60 秒为 1 组

从坐姿开始，尾骨向后靠进入船式。当肩胛骨下压时，拉长脊椎并保持颈部中立。抬起脚跟直到小腿与地面平行。双臂向上伸展，手心向前。在保持这个姿势的同时，注意调整呼吸。

9 超人系列

CORE FOCUS | 重点锻炼竖脊肌、腰方肌

在核心训练的过程中，背部肌肉经常被忽视，在肌肉张力、良好身姿和功能强度方面，它们和身体前部的肌肉一样重要。

上半身抬起

▶ 坚持 10 ~ 15 秒为 1 组

俯卧在地板或垫子上，双臂伸直。向下看并保持颈部中立。夹紧臀部，抬起手臂和胸部，努力使手离地面 6 英寸（约 15 厘米）。保持这个姿势。

手臂挥动上肢抬起

▶ 1 组 12 次

俯卧在地板或垫子上，手臂伸至身体两侧，手心向下。拉长颈部、臀部夹紧、肩胛骨下压，胸部抬起，挥动手臂最大限度地画弧至头部上方。收回手臂至起始体位，放松胸部。

上肢和下肢抬起

▶ 1 组 15 次，两侧交替进行

俯卧于地面或垫子上，双臂向前伸展，手心朝下。一条腿抬起，离地 1 英尺 6 英寸（约 50 厘米），注意收紧臀部和伸展腿部。同时，挺起胸部，伸展另一侧手臂。换另一侧上肢与下肢，然后恢复起始位置。继续交替进行，直到完成 1 组训练。

10 直臂平板支撑

CORE FOCUS 锻炼整个核心肌

LEVEL 1

LEVEL 2

LEVEL 3

直臂平板支撑实际上是俯卧撑的姿势。它比前臂平板支撑更具有挑战性，因为没有额外与地面的接触面积来帮助保持平衡。这是其他常规练习中的一个基础构成模块，所以你要完全掌握它。

平衡 + 等长收缩　核心肌群

跪姿

▶ 坚持 20 ~ 30 秒为 1 组

基本俯卧撑姿势，但要保持膝盖着地。双手与肩部呈一条直线，通过肚脐向脊椎方向延伸来锻炼核心肌肉。保持颈部中立，耳朵与肩膀保持在一条直线上，保持这个姿势。

指尖着地

▶ 坚持 30 ~ 45 秒为 1 组

从俯卧撑的姿势开始，双手与肩膀呈一条线。一定要从上背部向上抬起，尾骨内收。保持从肩膀到脚踝都呈一条直线。保持住这个姿势。

膝盖向前推动

▶ 每条腿 15 次为 1 组

从直臂平板支撑位置开始，双手与肩膀呈一条线，充分利用你的核心肌。慢慢将右膝向右肘部推动，然后回到起始位置。重复，换另一侧。

推 + 拉

在这个部分中,所有的练习都要求你重复动作,而不是像平衡和等长收缩运动一样保持一个固定的姿势不变。只需要地板盘或手巾,你就可以在地板上滑行。如果你要在地毯上做练习,可以尝试用纸盘或飞盘。

核心肌是由所有与骨盆和脊椎相连的肌肉组成的,这意味着臀部和腘绳肌是在技术层面上的核心肌。这就是为什么你会在整个运动过程中做下蹲和臀桥的原因。随着核心力量的逐步提高,就能够更好调动臀大肌和腘绳肌,很快你就会意识到,当身体其他部位在运动时,核心力量有多么重要!

1	眼镜蛇式俯卧	84
2	单腿踢	86
3	俯卧撑	88
4	滑行系列	90
5	屈体	92
6	深蹲	94
7	臀桥	96
8	蛙腿式	98
9	直腿下落	100
10	船式伸展	102

1 眼镜蛇式俯卧

CORE FOCUS — 锻炼竖脊肌、腰方肌，菱形肌，背阔肌，下斜方肌

LEVEL 1

LEVEL 2

LEVEL 3

现在到了再一次锻炼背部肌肉的时候啦！在平衡和等长收缩部分里，我们把重点放在等长姿势中的向后延伸。在这个部分里，我们将以不同姿势进行推和拉肩胛骨从而拉伸下背部。

双臂平行

▶ 重复10次为1组

俯卧，前臂彼此平行放在地面上。收紧肩胛骨，将胸部抬离地面，前臂推向地面。拉长颈部并收紧下巴。直至抬起极限时恢复到起始姿势。

双臂抬起

▶ 重复12次为1组

俯卧姿势，缓慢抬起前臂，收紧肩胛骨，使上半身离地面6～8英寸（约15～20厘米）。恢复到起始姿势，重复动作直至完成12次动作。

双臂伸展

▶ 重复15次为1组

俯卧姿势，前臂彼此平行并离地面6～8英寸（约15～20厘米）。夹紧肩胛骨，抬起上半身好像眼镜蛇一样。直至身体抬起极限时向前伸直双臂。如果肩膀感觉很紧，可能是身体没有完全伸展。把手肘向后拉到两侧，当你完成整组时，胸部保持在地面上。

2 单腿踢

CORE FOCUS | 锻炼臀大肌、深髋部的稳定、腹横肌

LEVEL 1

LEVEL 2

LEVEL 3

这是一项臀部伸展的练习,可以锻炼臀大肌和臀部深层的稳定性。在这个系列中,我们会通过上半身的不同姿势来挑战深层腹部肌肉。当你做这个练习时,要注意保持身姿挺拔。可以在附近放一把椅子或一张桌子,以备不时之需。

身体前倾

▶ 每条腿重复 10 次为 1 组

双手放在臀部(或者轻放在椅背),身体微微前倾,与地面成 45°角。慢慢抬起一条腿,保持臀部水平,收紧抬起那条腿的臀大肌,把脚向身体后方伸展。将注意力集中在臀大肌的收缩上,不要让盆骨倾斜或腰部拱起。腿部向前回到起始位置,完成 10 次后换另一侧。

向前弯腰

▶ 每条腿 12 次为 1 组

双手放于臀部,向前弯腰,直到上身与地面平行。保持脊柱挺直,收紧下巴,拉长后颈部。收腹,抬起一只脚。收紧肩胛骨,然后将抬起的那条腿向后方伸展。这个动作的目的是利用你的身体摆出一个"T"字形。把腿收回,然后向右后方伸展。如果觉得这个动作太难,可以将脚放下几秒再重复动作。完成 12 次后换另一侧。

双臂伸展

▶ 每条腿 15 次为 1 组

弯腰向前,直至躯干与地面平行。加紧肩胛骨,向前伸展双臂,保持手臂与头部呈一条直线。抬起一只脚,感觉到臀肌在用力,向后伸直腿部。试着将手臂伸展,保持上半身与地面平行,反复收回、伸展腿部,完成 15 次换另一侧。

3 俯卧撑

 CORE FOCUS | 锻炼腹横肌、腹直肌与胸肌

LEVEL 1

LEVEL 2

LEVEL 3

这个练习让所有女人（包括我）爱恨交加，但是这个练习实际上却调动了几乎和上半身一样多的核心肌。当核心肌变得强壮时，你会发现运动时都要运用到这些肌肉。

从双膝开始 ▶ 10次为1组

从跪姿开始，把双手放在地面上，与肩部呈一条直线。尾骨下压，下背部拱起。保持后颈部拉长，收紧下巴，弯曲手肘与身体呈45°。身体降低直至上臂与地面平行。如果可以的话，不要让背部塌陷或者臀部外移，然后试着让胸部尽可能贴近地面。

从脚趾开始 ▶ 12次为1组

这是一个传统俯卧撑姿势。从俯卧撑的姿势开始，双手与肩膀呈一条直线，双脚与臀部同宽。一般在臀部向后用力时会使肩膀靠后、臀部上翘。为了避免这一点，可以减少对肌腱周围肌肉带来的不必要压力。如果你不能保持双手与肩膀呈一条直线并放低臀部，那么就做1级的动作直到你的核心变得更强大。当上半身放低时，重点放在保持臀部的稳定上，不要让其塌陷或翘起。

从单腿开始 ▶ 每条腿8次为1组

现在让我们把平衡和稳定性融入俯卧撑的动作里。从传统俯卧撑姿势开始。为了保持平衡，在这个动作变化中要保持双脚的宽度大于臀部。慢慢抬起一条腿，身体降低进行俯卧撑动作，然后恢复到起始位置。试着把一只脚离开地面重复8次，然后换另一侧。

4 滑行系列

CORE FOCUS | 锻炼腹横肌、胸肌和腹直肌

学习如何在运动四肢的时候稳定躯干是功能性核心力量训练的重要组成部分。这个练习在上臂向前和向后滑行时，保持了下半身的稳定（1级和2级）。3级考验的则是上肢和下肢和协调性。

双膝滑行

▶ 每侧重复 10 次为 1 组

从膝盖着地的俯卧撑姿势开始，每只手下面放一个滑行盘或毛巾。保持躯干被拉长，不要让你的臀部塌陷或上翘。一只手轻轻向前滑行约 6 英寸（约 15 厘米）。如果你觉得 6 英寸有点儿难以完成，那么尽可能往前，哪怕是 2 英寸（约 5 厘米）也能锻炼到你的核心。把手收回，恢复到起始位置，另一侧手向前滑行。两侧交替进行直至完成 1 组练习。

脚尖滑行

▶ 每侧重复 12 次为 1 组

俯卧撑姿势，每只手下方放一个滑行盘或毛巾。保持双脚与髋部同宽，或者为了增加稳定性，双脚宽度可以大于髋部。练习中，注意保持臀部平坦并且平行于地面。一只手向前滑行至少 6 英寸（约 15 厘米）。缓慢地将手收回，恢复到起始位置，换另一侧手向前滑行。两侧交替进行直至完成 1 组练习。

脚尖与手臂滑行

▶ 每侧 15 次为 1 组

从俯卧撑姿势开始，每只手下方放一个滑行盘或毛巾。一只手臂向前滑行时，另一侧腿向前迈一步。恢复到起始位置，换另一侧重复动作。运动过程中要保持伸长躯干，伸展前面的手臂和后面的腿部。两侧交替练习直至完成 1 组练习。

5 屈体

CORE FOCUS — 锻炼腹横腹、髂腰肌、股四头肌和臀肌

LEVEL 1

LEVEL 2

LEVEL 3

这是另一个涉及滑行的练习，但这次在推和拉腿部的同时需要保持上半身稳定。我和骑自行车的人用这个练习来训练身体有效地把能量从核心转移到腿部。

双膝滑行 ▶ 重复10次为1组

从俯卧撑姿势开始，膝盖着地，每个膝盖下放置滑行盘或毛巾。充分调动核心肌，拉长后颈部，缓慢将双膝推向双手，然后收回至起始位置。如果你觉得双膝推动很困难，可以一次收回一个膝盖。

脚尖滑行团身 ▶ 重复12次为1组

在每只脚下面放一个滑行盘或毛巾，然后进入俯卧撑姿势。双手位于肩膀正下方，弯曲双膝，慢慢把脚向手部方向移动。把双脚移动至舒适的位置，收回至起始位置。

脚尖滑行屈体 ▶ 重复15次为1组

从俯卧撑的姿势开始，在每只脚下面放一个滑行盘或毛巾。伸直双腿，双脚朝双手位置向前滑行，抬高臀部，使双脚来回滑行，然后恢复到起始位置。做这个动作时要保持平稳。

6 深蹲

CORE FOCUS | 锻炼腹横肌、臀肌和竖脊肌

LEVEL 1

LEVEL 2

LEVEL 3

深蹲是你应该掌握的最重要的动作。某天，你可能会做不同版本的深蹲50到100次，这取决于站起来和坐下、上下车和弯腰捡东西的频率。如果你的核心肌不够强壮，不足以在做深蹲时支撑脊柱，最终会导致圆肩和含胸，给下背部带来不必要的压力。

支撑深蹲

▶ 重复10次为1组

双脚与髋部同宽站立于椅子前。挺胸、收紧肩膀，轻轻卷起尾骨。把身体的重量放在脚跟（实际上脚趾是抬起的），臀部尽可能向后压。试着保持胸部挺起，双膝不要超过脚趾的位置，下蹲至臀部触碰到椅子。如果你的下背部或者双膝感到疼痛，那就下蹲至无疼痛感的位置。收紧臀大肌，将臀部向前收，恢复到起始位置。

无支撑深蹲

▶ 重复12次为1组

如果你能很流畅地做深蹲，那就把椅子挪开，让身体自由地来回运动。站立，双脚与髋部同宽。挺胸、肩膀向后拉伸；当做深蹲姿势的时候，感觉身体的重量集中在脚跟。大腿平行于地面，收紧臀大肌，臀部向前收，恢复到起始位置。

单腿深蹲

▶ 每条腿重复8次为1组

要做单腿深蹲，首先双脚和髋部同宽，挺胸，肩膀向后拉。把身体重量转移到一只脚上，抬起另一只脚。感觉身体的重量在站立腿的脚跟上，臀部向后，然后下蹲。你可能无法达到90°；尽量往下蹲，下蹲腿的膝盖不要超过脚趾。完成8次后换另一条腿。

7 臀桥

 锻炼臀大肌和腘绳肌

我很喜欢这个练习，因为它可以锻炼臀大肌和背部核心肌肉。在做这个动作的时候，常常会感到运动到了四头肌，所以试着放松四头肌，把注意力放在臀大肌和腘绳肌上。

双脚着地

▶ 每次 10 秒，5 次为 1 组

仰卧，屈膝，双脚置于地面，与臀部保持约 12 英寸（约 30 厘米）距离。手臂放松，放于身体两侧。收紧臀大肌，抬起臀部。坚持这个姿势 10 秒，然后放下臀部，休息 5 秒再重复。

腿部伸展

▶ 两侧交替重复 12 次为 1 组

仰卧，双膝弯曲，在每只脚下放一个滑行盘或毛巾。当把臀部从地面上抬起时，保持手臂放松。慢慢伸直一条腿，然后再收回来。用另一条腿重复这个推和拉的动作。两侧交替进行，同时保持臀部的稳定。

抬腿

▶ 两侧交替重复 15 次为 1 组

从基本臀桥的姿势开始（背部、臀部与肩膀和膝盖呈一条直线），然后以迈步的动作抬起一只脚，再缓慢放下，不要跺脚！双脚交替进行直至完成规定次数。尽量减少臀部的晃动。为了保持臀部稳定，如果你需要的话，可以从小幅度动作开始，把脚抬起至离地面 6 英寸（约 15 厘米）。

8 蛙腿式

CORE FOCUS | 锻炼腹横肌、臀大肌、外展肌和臀外旋肌

这个练习包括了滑行系列和屈体动作。滑行系列在移动手臂的同时，稳定了核心和下半身，而屈体动作在腿部向前和向后移动时，稳定了上半身。用蛙腿画圈的方式移动腿部，同时保持核心和上半身的稳定。如果你会蛙泳，这个练习就是模仿蛙泳中蹬腿的部分。

单腿移动

▶ 每侧重复 10 次为 1 组

从俯卧撑的姿势开始，肩膀与双手呈一条直线，每只脚下放置一个滑行盘或毛巾。充分调动核心肌，缓慢将一侧膝盖靠近胸部，然后以划圈的动作向外蹬，收回，恢复至起始位置。在整个练习过程中，保持支撑腿的稳定。这个动作可以增加下背部的稳定性。完成 10 次，换另一侧。

双腿移动

▶ 重复 12 次为 1 组

从俯卧撑姿势开始，肩膀与双手呈一条直线，每只脚下放置一个滑行盘或毛巾。调动核心肌，缓慢将双膝靠近胸部，然后用脚趾做划圈的动作，滑行回起始位置。通过同时运动双腿，你需要调动核心肌和上半身的肌肉来保持稳定。

以平板姿势移动

▶ 重复 15 次为 1 组

让我们把胸部离地面更近些，挑战更大的难度！前臂保持平板姿势，完成蛙腿动作。调动核心肌肉使双膝靠近胸部，然后用脚趾向外做划圈动作，然后平稳收回，恢复至起始位置。

9 直腿下落

CORE FOCUS | 锻炼腹横肌、髂腰肌、竖脊肌

LEVEL 1

LEVEL 2

LEVEL 3

这个运动是练习控制减速（肌肉拉长的速度）的好方法。如果你发现在做这个动作的时候，下背部拱起，一定要坚持做 1 级练习，直到能保持良好的状态的同时，成功完成下一级别的练习。

双腿上、下，小幅度移动

▶ 每条腿重复 10 次为 1 组

仰卧，双腿向上伸直。尽可能保持腿部挺直，将脚尖向内收，好像要在天花板上留下脚印一样。保持一条腿伸直，缓慢将另一条腿放低至一半位置，数 2 秒钟，注意不要超过 45°。缓慢收回至起始位置，数 2 秒，交替重复动作。

大幅度移动

▶ 1 次 8 秒，每条腿重复 12 次为 1 组

现在准备好放低脚后跟直至地面，并花更多的时间去完成练习。仰卧，一次放低一条腿，放慢动作，用 4 秒的时间慢慢落下腿部，再用 4 秒时间抬起腿部，双腿交替进行。

双腿一起移动

▶ 1 次 8 秒，15 次为 1 组

这次要两条腿同时下落！在这个级别的练习里，可以先把腿部降低至一半的位置来试水（数 2 秒）。如果做这个动作的时候没有感到疼痛或者下背部拱起，那么继续将腿部向地面降低。最终，降低至接近地面的位置停留 4 秒，抬起腿部再停留 4 秒。

10 船式伸展

CORE FOCUS — 锻炼腹横肌、髂腰肌、竖脊肌和股四头肌

LEVEL 1

LEVEL 2

LEVEL 3

这一练习是建立在平衡和等距部分等长船式的基础之上。任何时候，核心肌肉组织都能起到稳定骨盆的作用，当移动腿部的时候，你的骨盆会向前移动，并对下背部造成压力。如果发生这种情况，只要把动作降低一个等级，直到做这个动作的时候下背部肌肉不会感到疼痛。

单腿伸展

▶ 每条腿交替重复 10 次为 1 组

前臂向后靠，手肘置于地面，位于身体后方，指尖向前。身体向后倾斜，保持胸部舒展。双膝弯曲，双腿与地面成 90°角。慢慢伸出一条腿，收回至起始位置，然后换另一条腿。双腿交替进行，同时保持上半身稳定。

双腿伸展

▶ 1 组重复 12 次

前臂向后靠，手肘位于肩膀下方。卷起尾骨，抬起脚后跟，不要让下背部拱起或晃动。当双腿同时运动时，骨盆周围的深层肌肉将会受到更多的挑战。当膝盖靠近你的胸部时能充分调动这些肌肉，当膝盖位于臀部上方、小腿平行于地面的时候停止。通过脚后跟用力，伸展双腿至起始位置。如果你需要对这个练习进行调整，可以先将两条腿伸展到一半，然后逐步全部伸展。

双臂伸展

▶ 1 组重复 15 次

如果你是一个瑜伽练习者，可能对这个练习很熟悉，它有时被称为"快艇"或"小船"。身体向后倾斜，抬起双腿时将身体的重量放在尾骨上，小腿平行于地面。向前伸展双臂，手心朝上，这是起始姿势。保持肩膀下压，胸部打开，向后倾斜进入船式，同时伸展双腿。停留在这个动作一会儿，恢复到起始位置。注意做这个动作的时候不要着急。

扭转和屈体

真正好玩的开始了！在我的经验里，扭转和屈体对核心肌群的练习常常被忽略，主要是因为这一过程过于单调。现在绝对不是这样了！这个扭转和弯曲的课程将以你以前从未经历过的方式来锻炼核心旋转肌肉。因为这些动作要求脊柱的旋转和弯曲，注意可能会引起疼痛。如果你有慢性坐骨神经痛，应该尤为注意这些练习。从1级开始，慢慢地用心做动作。

1 扭转侧平板系列 ·· 106
2 "C"字形系列 ··· 108
3 扭转船式系列 ··· 110
4 响尾蛇系列 ··· 112
5 速度滑冰者 ··· 114
6 交体平板支撑 ··· 116
7 反向仰卧屈膝 ··· 118
8 雨刮器式 ··· 120
9 斜平板支撑 ··· 122
10 蝎子式 ·· 124

1 扭转侧平板系列

 CORE FOCUS 主要锻炼腹外斜肌和腹内斜肌

LEVEL 1

LEVEL 2

LEVEL 3

在"平衡+等长收缩"单元中，提到过侧平板支撑练习，在那个部分里，我们学习了如何摆出基础姿势并在规定时间内保持。在这个练习中，我们将利用已有的平衡能力并在此基础上增加上半身扭转的动作，通过核心来增强旋转力量。

单膝着地

▶ 每侧重复 10 次为 1 组

从侧身平板支撑姿势开始，保持手肘位于肩膀正下方。保持右腿伸直，弯曲左腿形成 90°。将臀部抬起，使右侧肩膀与脚踝呈一条直线。在整个练习过程中，左膝盖始终在地面上，以支撑下背部。把右手放在脑后，使手肘指向天花板。将右手肘靠近左手时，身体随之扭转。

双腿伸直

▶ 每侧重复 12 次为 1 组

从侧平板支撑姿势开始，双腿向外伸直，双脚并拢。检查一下，确保身体从头部到脚步都呈一条直线。向上抬起臀部，注意保持身体平衡，然后将右手放于脑后，扭转躯干，直至右手肘触及地面。

单腿抬高

▶ 每侧重复 15 次为 1 组

侧平板支撑姿势，双腿伸展，双脚并拢。向上抬起臀部，让身体从头部到脚部都呈一条直线。把手放在脑后，抬起右腿，脚掌回勾。在抬起腿部的时候，扭转躯干直至右手肘触及左手。

扭转和屈体

2 "C"字形系列

CORE FOCUS | 主要锻炼腹外斜肌、腹内斜肌和髂腰肌

LEVEL 1

LEVEL 2

LEVEL 3

108　肌肉训练进化教程——微运动打造核心区

从站姿开始的核心练习是我的最爱。毕竟，这是我们在日常生活中主要能锻炼核心肌肉的姿势，所以需要有针对性的训练。这个动作尤其对修正身姿有好处，因为它可以拉长脊椎，并且帮助你打开双肩。

跪姿练习

▶ 每侧重复 10 次为 1 组

从跪姿开始，双膝与髋部同宽。双臂举过头顶，双手合十。身体向一侧弯曲，上半身呈"C"字形。弯曲至身体最大承受的范围，然后回到中心位置，向另一侧弯曲。

站姿练习

▶ 每侧重复 12 次为 1 组

双臂举过头顶，双手合十。如果你想增加难度，可以双脚并拢。为了增加稳定性，双脚可与髋部同宽。身体向一侧弯曲至"C"字形，同时尽量保持身体不要向前或向后倾斜，两侧交替进行。想象一下身体好像在两块玻璃片中来回移动一样。

单腿练习

▶ 每侧重复 15 次为 1 组

单腿站立，双臂举过头顶，双手合十。臀部向保持站立的腿一侧外移，双手向相反方向弯曲。恢复到起始位置，注意脚不要落地，重复动作直至完成规定次数，然后换另一侧。

3 扭转船式系列

主要锻炼腹外斜肌与腹内斜肌

LEVEL 1

LEVEL 2

LEVEL 3

船式的各种变化已经不能满足你的核心肌了吧！在"平衡+等长收缩"单元里，你已经练过船式的基本姿势；然后，在"推+拉"单元里，我们增加了腿部伸展来锻炼下半身核心肌和腿部肌肉。现在，我们要增加扭转运动，帮助你真正提高腹斜肌！

脚跟着地

▶ 每侧重复10次为1组

从坐姿船式开始，脚跟轻轻触地。挺胸，肩膀向后拉。一只手握拳，用另一只手握住拳头，尽可能向一侧扭转你的上半身。保持双手放在胸前，用整个躯干带动身体扭转，而不是用手臂。恢复到中心位置，向另一侧扭转。注意在整个运动的过程中保持挺胸。

脚跟抬起

▶ 每侧重复12次为1组

船式姿势，双脚抬起，小腿与地面平行。挺胸，一手握拳，用另一只手握住拳头。平稳地将身体从一侧转向另一侧，转动时尽可能扭转至身体可承受的最大范围。当运动腹斜肌的时候，保持双手始终位于胸部的中间。

风车臂

▶ 每侧重复15次为1组

身体向后倾斜到船式，抬起腿部，使小腿与地面平行。扭转身体，双臂向外侧伸展，一只手臂向脚尖方向伸展，另一只向后伸展。当你的身体转向另一侧时，将双臂向上举起，然后再换方向落下。当身体从一侧扭转向另一侧时，注意保持平衡。

4 响尾蛇系列

CORE FOCUS | 主要锻炼腹内斜肌、腹外斜肌、腰方肌和竖脊肌

这个练习可以同时锻炼背部肌肉和腹斜肌。刚开始尝试这个动作的时候，你会觉得很陌生，但是不要气馁。这个动作对改善耸肩等不良身姿会起到很大作用。

移动双腿

▶ 每侧重复 10 次为 1 组

俯卧，双臂举过头顶，通过手掌和前臂用力来固定上半身。利用臀大肌抬起双腿，轻轻将双腿平移至一侧。收回双腿至中间位置，再移向另一侧。刚开始练习的时候可以小范围移动双腿，练习久了，可以逐步扩大移动范围。

移动双臂

▶ 每侧重复 12 次为 1 组

俯卧，伸展双臂和双腿。保持腿部稳定，抬起上半身离地面约 6 英寸（约 15 厘米），股四头肌和脚趾向下用力以稳定身体。只移动上半身，缓慢地将双臂移动至一侧，保持下半身稳定，然后恢复至中间位置，换另一侧。

双腿与双臂同时移动

▶ 每侧重复 15 次为 1 组

这个动作结合了上半身和下半身的运动，这样你就可以体验响尾蛇似的运动。俯卧，抬起双手和双脚，将身体的重量放在臀部和躯干上，以增加身体的稳定。缓慢地将双手移向一侧，同时双脚向相反方向摆动。这个动作感觉很特别，你不需要向任何一个方向移动很远的距离，就能从这个练习中获得很多好处。保持双腿和双臂抬起，然后恢复至中间位置，换另一侧。

《肌肉训练进化教程——微运动打造核心区》计划

5 速度滑冰者

CORE FOCUS

主要锻炼腹内斜肌、腹外斜肌、腰方肌、竖脊肌和侧臀肌

LEVEL 1

LEVEL 2

LEVEL 3

我之所以喜欢速度滑冰这项运动是因为它在扭转身体的同时要保持下半身的平衡和稳定。这是另一个非常实用的动作，因为它可以在站姿时锻炼你的核心肌。

原地不动

▶ 每侧重复10次为1组

以运动姿态开始：双脚与髋部同宽，双膝微曲，双臂置于身体两侧。上体前倾，张开双臂。转动身体至可承受的最大范围，同时双臂上下交替摆动。以肚脐为中心，利用腹斜肌来扭转身体。恢复至中间位置，向另一侧扭转。

侧步前进

▶ 每侧重复12次为1组

以运动姿态开始：双脚与髋部同宽，双膝微曲，手臂放于身体两侧。上体前倾。一只脚向一侧迈步，另一只脚向身体正后方伸展。当后面那只脚触地时，张开双臂，转动身体，同时双臂上下交替摆动。利用腹斜肌来扭转身体。将后腿收回向前迈步，同时另一条腿向后伸展，双臂划弧摆向另一侧。

侧步跳跃

▶ 每侧重复15次为1组

加速！典型的速度滑冰运动包括从一侧跳到另一侧，这就是你现在要做的。双脚与髋部同宽，膝盖微曲，身体前倾。这次不要从一边迈步到另一边，要增加小跳步，让你的膝盖在着地时稍微倾斜一点点，当张开双臂的时候，要摆动得更大。重复动作，边跳边扭转向另一侧，逐步适应运动的节奏。这个动作能让你的心率上升哦！

《肌肉训练进化教程——微运动打造核心区》计划

6 交体平板支撑

CORE FOCUS 主要锻炼整个核心肌

LEVEL 1

LEVEL 2

LEVEL 3

在"平衡+等长收缩"部分里，我们学习了基本的平板支撑，现在我们将用它作为下半身运动的基础。我喜欢把平板支撑的各种变化融入到我的课程里，这样客户们可以在同一时间内锻炼到前面、侧面和后面的核心肌。它们还可以拉长脊柱并塑造良好的身姿。

膝盖着地

▶ 每侧重复10次为1组

从高平板支撑姿势开始，双膝着地。收腹，拉长颈部，抬起一侧膝盖，将膝盖靠近另一侧手肘的方向。停留一会儿，将膝盖恢复至起始位置，换另一侧重复。双腿交替进行直至完成1组。

脚尖着地

▶ 每侧重复12次为1组

膝盖抬离地面，进入高平板支撑（或俯卧撑）姿势，这会对核心肌肉产生更大程度的挑战。将一侧膝盖向另一侧手肘方向移动，保持臀部下压和后腿的伸展。回到起始位置，进行另一侧的重复练习，交替直至完成训练。记住在整个练习过程中，要保持肩膀位于手的正上方——这里要避免一个常见的错误，那就是为了使动作更容易，以"减轻"肩膀压力，而产生的身体向前或向后倾斜。

单腿伸展

▶ 每侧重复15次为1组

这个特别的变化是我最喜欢的核心肌练习之一。从高平板支撑姿势开始，伸出一只腿触碰另一侧手肘，但这一次在动作结束前要将腿部伸直，轻轻放在地面上。换另一侧重复动作，交替进行直至完成练习。这不仅是一个有效的核心肌练习，而且也可以很好地拉伸髂胫束（大腿外侧）。

扭转和屈体 核心肌群运动

7 反向仰卧屈膝

CORE FOCUS | 主要锻炼臀大肌、竖脊肌和腘绳肌

LEVEL 1

LEVEL 2

LEVEL 3

准备好燃烧脂肪了嘛！反向仰卧屈膝是一个让人感到很陌生的动作，因为做这个动作的时候，手臂和腿部都在身体后方，而身体却要向上用力。尽管很有挑战性，但是它确实是一种既能锻炼身体前侧的肌肉，又能加强背部肌肉的好方法。

原地不动

▶ 1 组重复 10 次

坐姿，双脚距离臀部约 18 ～ 24 英寸（约 45 ～ 60 厘米）。轻轻把双手放在身后的地面上，指尖向前。双手和双脚用力下压，收紧臀部，将臀部向上提。如果肩膀和臀部有紧张感，你可以不用把臀部抬那么高。最终的目标是让身体像桌面一样平直。保持这个姿势一会儿，放低臀部至地面，然后重复动作直至完成练习。

单腿伸展

▶ 每条腿重复 12 次为 1 组

将双手和双脚放在地面上，将臀部抬起，注意收紧臀部。伸直一条腿，并平行于地面。慢慢把腿收回至起始位置，然后伸直另一侧腿部。继续交替练习，在整组练习中尽量保持臀部抬高。

交叉转体

▶ 每条腿重复 15 次为 1 组

将双手和双脚放在地面上，将臀部抬起形成一个反过来的桌面。慢慢抬起一只脚，尝试着用另一侧手触摸抬起的脚。将手和脚收回至地面，换另一侧重复动作。两侧交替进行直至完成练习。

8 雨刮器式

主要锻炼腰方肌和竖脊肌

这个练习经常被人们回避，因为它虽然可以锻炼下背部的肌肉，但看起来却是危险的尝试。你的下背部肌肉之所以需要拉伸是因为我们长期处于弯腰驼背的姿势。为了增强力量和弹性，它们也需要经常被锻炼一下。如果你曾有下背部受伤或疼痛病史，那就从 1 级开始练习，也不用非要把膝盖触碰到地面上。因为即使只有几英寸的侧向运动也可以改善下背部的力量。

双膝弯曲

▶ 每侧重复 10 次为 1 组

仰卧，双膝弯曲成 90°，双膝位于臀部正上方。伸展双臂且与身体垂直，膝盖向一侧有控制的移动。利用核心肌肉，把膝盖拉回到中间位置，然后换另一侧。

双腿伸直

▶ 每侧重复 12 次为 1 组

仰卧，双臂向外伸直，双腿向上伸直。双臂向外伸展用来稳定身体，双腿向一侧平稳移动，移动时始终控制好身体。抬起腿部，恢复至起始直立的位置，换另一侧重复动作。如果没有上半身的帮助不能回到起始位置的话，那么下次重复动作的时候可以不用把双腿放那么低。

双腿与地面呈 45°

▶ 每侧重复 15 次为 1 组

仰卧，双腿向上伸直，张开双臂呈"T"字形，慢慢将腿放低至与地面成 45°角。这个动作可以帮助身体更好的延伸，同时也是扭转身体的一种方法。抬起双腿回到起始位置，换另一侧重复。

扭转和屈体

核心肌群

9 斜平板支撑

CORE FOCUS | 主要锻炼腹横肌、腹内斜肌和腹外斜肌

LEVEL 1

LEVEL 2

LEVEL 3

千万不能错过这次平板练习的机会！这一次，我们进行臀部伸展和扭转，所以如果开始的几次练习里，你的臀部不能碰到地面也不要灰心。随着身体灵活性的增加，臀部的运动范围也会相应增加。

膝盖下落

▶ 每侧重复 10 次为 1 组

首先，进入基础平板支撑姿势，前臂位于肩膀正下方，身体呈一条直线，下背部微微向后挺起。保持臀部稳定，用一侧膝盖轻触地面。回到起始位置，换另一侧膝盖轻触地面。双膝交替进行直至完成练习。

臀部下落

▶ 每侧重复 12 次为 1 组

从基础平板支撑姿势开始，但是双脚略宽于髋部。保持肩膀的稳定与核心的充分参与，以脚尖为中心轴，臀部分别向脚的两侧下落，降低臀部时轻触同侧地面。回到中间位置，然后转向另一侧，两侧交替进行。

手臂回转

▶ 每侧重复 15 次为 1 组

从基础平板支撑姿势开始，手肘位于肩膀下方。轻轻向一侧旋转整个躯干，抬起同侧手臂，同时保持大小臂成 90°角，直至手肘向上，身体呈交叉侧平板姿势。回到基础平板姿势，向另一侧扭转。继续交替动作直至完成练习。

《肌肉训练进化教程——微运动打造核心区》计划

10 蝎子式

CORE FOCUS | 主要锻炼臀大肌、竖脊肌、腰方肌和髋屈肌

蝎子式是我经常让客户们在运动开始时用来打开身体的前部，同时激活臀部的练习。把你的身体想象成一条被轻轻拧动的毛巾。

向上直抬腿

▶ 每侧重复 10 次为 1 组

俯卧，双臂摆成球门柱的姿势。一条腿弯曲呈 90°，收紧臀部，脚部用力向上。注意力充分集中在锻炼臀部，保持上半身在地面上。放下腿回到起始位置，换另一侧腿部重复动作，两侧交替直至完成练习。

扭转

▶ 每侧重复 12 次为 1 组

这个动作是由这个系列名字衍生出来的。俯卧，双臂呈球门柱的姿势。抬起一条腿，收紧臀大肌。尽可能保持膝盖抬高，把抬高的那条腿移向身体的另一侧，尝试着用脚尖触碰地面。在这个运动过程中，你的胸部可能会离开地面一点点。收回腿部至中间位置，换另一侧腿重复动作。

轻触脚跟

▶ 每侧重复 15 次为 1 组

俯卧，双臂呈球门柱的姿势。利用臀大肌抬起一条腿。用另一侧的手向后轻触脚跟。回到起始位置，抬起另一侧腿，相反方向的手臂向后伸触碰脚跟。继续交替进行直至完成练习。

有氧锻炼

高强度间歇性训练是最快速、最有效的燃烧腹部脂肪的方法。出于这个原因，《肌肉训练进化教程——微运动打造核心区》就是以 HIIT（High-intensity Interval Training）锻炼为中心的。另外你会发现两种类型的有氧运动，也就是有氧间歇性运动和低强度稳定的状态训练。如果你每周都做这三种锻炼，那么身体的适应性会变得更强。有氧运动可以包括任何你喜欢的活动，如：跑步、散步、自行车、划船或跳舞。任何能让身体达到指定运动水平（RPE）的运动都是可以的。

有氧锻炼的原则

如果一周内你必须选择一天不做有氧运动，一定不要是 HIIT 锻炼。因为它们应该是你的首选！相反，不要以为所有的有氧运动都是高强度的。过度训练与训练不足产生的生理效应一样具有伤害性（详见第 36 页）。

这里列举了所有的有氧训练和核心肌塑造训练的选择，你可能会觉得难以想象，如何将它们排成一个有效、高效的时间表。别担心！我都为你搞定了。尝试坚持我在《肌肉训练进化教程——微运动打造核心区》中列出的每周有氧运动计划，详见 167～185 页。如果你不得不做出一些调整，请遵循以下这些指导意见来保证计划的有效性。

进行 HIIT 锻炼前，至少两个小时内不要吃东西。高强度会使你的心率提高到最大值的 70% 以上，这将降低胃的排空率。换句话说，如果你事先吃东西的话，可能会感到肚子不舒服。我通常都是在早上空腹锻炼。

不要连续几天都做 HIIT 锻炼。你的身体需要至少 48 小时才能完全恢复。心率进入厌氧阈值区域是燃烧热量和提高身体素质的好方法，但它也会给身体带来压力。进行难度大的锻炼就刻苦些，进行简单的锻炼就放轻松些。健身应该让身体感到更有力量，而非过度透支。

选择你想要的等级。我设计的有氧项目特别灵活，这意味着你可以在周一进行1级的锻炼，如果你准备好了，周三可以进行2级的锻炼。同样的，如果你觉得所做的锻炼要求太多了，可以选择降低级别。一般来说，1级锻炼的持续时间和强度低于2级，2级则低于3级。如果你还不确定从哪里开始，可以先选择一个较低级别，根据水平随时选择你需要的锻炼级别。

在有氧运动前完成核心肌塑造训练计划。当你开始有氧运动的时候，身体就会进入燃烧脂肪的模式。如果你计划在同一天内完成这两项锻炼内容，尽可能在有氧运动前做一下核心肌塑造训练。如果你需要在两个时间段内分开进行锻炼，那么就早上做核心肌塑造训练，白天做有氧运动（记住HIIT锻炼应该在空腹的时候完成）。如果一定要先做有氧运动，别担心——你还是会从运动中获得益处并燃烧热量的。但是，先做核心肌塑造训练，会消耗糖原，不仅会在有氧运动的过程中消耗更多储存的脂肪，而且还能让你对所有这些具有挑战性的核心运动保持新鲜感！

锻炼指南

你需要学习有氧运动的术语和原理。以下是使用术语的一个快速指南。

热身。慢慢的、稳定的增加身体的核心温度是有氧锻炼的一个非常重要的方面，特别是你要进入高心率状态的时候。赛车能在很短的时间内将速度由0迅速达到100英里每小时，但人体可不行。人们总是对锻炼感到厌烦或不耐烦，所以就跳过热身这个环节；这其实是很危险的，因为他们的肌肉没有足够的血液来进行高强度间歇性的训练。慢慢地发动你身体的引擎，这样就可以在主要训练中获得最佳表现。热身并不一定要和你的主要训练有很大不同；只需要以较慢的速度和较低的心率来进行即可。例如，从一个轻松的5分钟步行或是一个简单的慢跑开始，然后逐渐以更快的速度走或跑步。

主要训练。这是锻炼真正的开始，也是锻炼中要求你锻炼最刻苦并且心率达到最高的一部分。在主要训练的间隔中，有一些说明，告诉你是否需要重复1组训练及每组训练之间是否需要增加休息时间。锻炼3和7是最复杂的，因为它们是Tabata式的锻炼，而且它们需要无间断的大量重复。真正的Tabata锻炼要间隔8次，每次20秒，每次间隔休息10秒，总共4分钟。1级和2级运动里，在开始较长时间的休息前，你其实只完成了一半的Tabata训练，在3级训练里才是真正完成了训练！寻找更具体的指导，帮助你完成这些练习。

运动感知率

10 难于登天
9 极其困难
8 非常困难
7 非常有挑战
6 有挑战性
5 有点困难
4 还算容易
3 容易
2 非常容易
1 休息

  运动感知率。以1到10的数值范围来衡量运动感知率。运动感知率的好处和潜在危害是这个数值完全是主观的；你完全可以决定自己处于6级或是9级的锻炼中。正如名字一样，它是一种真正对运动的感知，而你的感知可能会随时间发生变化。如果没睡好，或者感冒了，你就会发现，在这之前的5天感觉应该处于8的状态。倾听身体，尊重身体给你的真实反馈，但也要保证对自己的锻炼情况客观真实。在几乎所有的锻炼中，大多数人的运动感知率都倾向于在5和7之间，但是高强度训练真正起作用都是在8到9之间。保持对运动感知率的真实描述，你将从这些短暂的高强度中获得巨大的回报！

  放松。很少有人喜欢锻炼中的放松部分。就像西兰花一样，我明明知道它对我有好处，但就是不喜欢！然而，短暂的放松不仅能让身体安全恢复到低心率，而且还能大大提高清除血液中乳酸的速度。为了获得生理上的好处，放松运动需要在最大耗氧量 35% 的时候进行，这相当于运动感知率中的 3 到 4。

拉伸怎么样？

整本书都围绕着拉伸这个话题，但这里总结一下：研究表明，静态拉伸应该在锻炼后进行，因为它实际上减少了肌肉力量、耐力和平衡。换句话说，如果你要拉伸腘绳肌，伸手去够你的脚趾，保持静止姿势 15 ~ 30 秒，实际上是在减少那个区域的肌肉力量。这就是为什么你应该在锻炼前避免静态拉伸的原因。在锻炼结束后进行静态拉伸，当肌肉放松下来的时候，力量和耐力就会下降。虽然静态拉伸并不一定会提升锻炼时的表现，但它们可以提高你的疼痛承受能力，拉长肌肉，也能略微增加身体的运动范围。

拉伸动作有很多不同的类型，并不是所有的拉伸运动都有静态拉伸的负面影响。尤其是动态拉伸对肌肉的性能和运动范围有积极的作用。动态拉伸要求肌肉持续运动，并缓慢而稳定的移动至运动结束。

一组缓慢而受控制的弓步行走就是很好的例子，或者是轻轻的"玩具士兵"似的踢腿，这些都能帮助激活腘绳肌。其实你已经进行过动态拉伸运动，只是没有意识到罢了，臀部左右摆动，或者在椅子上来回摆动躯干，都是一种动态拉伸的形式。

如果你喜欢在锻炼前做一些动态拉伸，那么请继续。但为了最大限度的发挥力量、耐力和平衡，在完成锻炼之后，记得要做静态的拉伸运动。

	基础的高强度间歇性训练	
1	**锻炼**	
1级	热身：5分钟，运动感知率4 主要训练： 1分钟，运动感知率6；2分钟，运动感知率5 1分钟，运动感知率7；2分钟，运动感知率5 1分钟，运动感知率7；2分钟，运动感知率5 1分钟，运动感知率8 放松：5分钟，运动感知率4	总计：20分钟 燃烧热量：250千卡
2级	热身：5分钟，运动感知率4 主要训练： 1分钟，运动感知率7；1分钟，运动感知率5 1分钟，运动感知率8；1分钟，运动感知率5 1分钟，运动感知率9；1分钟，运动感知率5 重复1组 放松：5分钟，运动感知率4	总计：22分钟 燃烧热量：275千卡
3级	热身：5分钟，运动感知率4 主要训练： 2分钟，运动感知率7；1分钟，运动感知率5 2分钟，运动感知率8；1分钟，运动感知率5 2分钟，运动感知率9；1分钟，运动感知率5 重复1组 放松：5分钟，运动感知率4	总计：28分钟 燃烧热量：325千卡

2 无氧耐力间隔性训练

锻炼

级别	内容	统计
1级	热身：5分钟，运动感知率4 主要训练： 1分钟，运动感知率7；2分钟，运动感知率5 1分钟，运动感知率8；2分钟，运动感知率5 1分钟，运动感知率9；2分钟，运动感知率5 重复1组 放松：5分钟，运动感知率4	总计：28分钟 燃烧热量：350千卡
2级	热身：5分钟，运动感知率4 主要训练： 1分钟，运动感知率7；1分钟，运动感知率5 1分钟，运动感知率8；1分钟，运动感知率5 1分钟，运动感知率8；1分钟，运动感知率5 1分钟，运动感知率9；1分钟，运动感知率5 1分钟，运动感知率9；1分钟，运动感知率5 重复1组 放松：5分钟，运动感知率4	总计：30分钟 燃烧热量：380千卡
3级	热身：5分钟，运动感知率4 主要训练： 2分钟，运动感知率7；1分钟，运动感知率5 2分钟，运动感知率8；1分钟，运动感知率5 2分钟，运动感知率8；1分钟，运动感知率5 1分钟，运动感知率9；1分钟，运动感知率5 1分钟，运动感知率9；1分钟，运动感知率5 重复1组 放松：5分钟，运动感知率4	总计：36分钟 燃烧热量：420千卡

3 Tabata 式间隔性训练

锻炼

级别	内容	总计
1级	热身：5分钟，运动感知率4 主要训练： 20秒，运动感知率7；休息10秒 20秒，运动感知率8；休息10秒 20秒，运动感知率8；休息10秒 20秒，运动感知率9；休息10秒 休息2分钟，重复1组 放松：5分钟，运动感知率4	总计：18分钟 燃烧热量：225千卡
2级	热身：5分钟，运动感知率4 主要训练： 20秒，运动感知率7；休息10秒 20秒，运动感知率8；休息10秒 20秒，运动感知率9；休息10秒 20秒，运动感知率9；休息10秒 休息1分钟，再重复2次 放松：5分钟，运动感知率4	总计：19分钟 燃烧热量：300千卡
3级	热身：5分钟，运动感知率4 主要训练： 20秒，运动感知率8；休息10秒 20秒，运动感知率8；休息10秒 20秒，运动感知率9；休息10秒 20秒，运动感知率9；休息10秒 20秒，运动感知率8；休息10秒 20秒，运动感知率8；休息10秒 20秒，运动感知率9；休息10秒 20秒，运动感知率9；休息10秒 休息2分钟，重复1组 放松：5分钟，运动感知率4	总计：22分钟 燃烧热量：325千卡

	恢复周的间隔性训练	
4	**锻炼**	

1级	热身：5分钟，运动感知率4 主要训练： 2分钟，运动感知率6；2分钟，运动感知率5 2分钟，运动感知率7；2分钟，运动感知率5 2分钟，运动感知率7 放松：5分钟，运动感知率4	总计：20分钟 燃烧热量：220千卡
2级	热身：5分钟，运动感知率4 主要训练： 1分钟，运动感知率6；1分钟，运动感知率5 1分钟，运动感知率7；1分钟，运动感知率5 1分钟，运动感知率8；1分钟，运动感知率5 重复1组 放松：5分钟，运动感知率4	总计：22分钟 燃烧热量：250千卡
3级	热身：5分钟，运动感知率4 主要训练： 2分钟，运动感知率6；1分钟，运动感知率5 2分钟，运动感知率7；1分钟，运动感知率5 2分钟，运动感知率8；1分钟，运动感知率5 重复1组 放松：5分钟，运动感知率4	总计：28分钟 燃烧热量：310千卡

5 阶梯式间隔性训练

锻炼

1级	热身：5分钟，运动感知率4 主要训练： 1分钟，运动感知率6 1分钟，运动感知率7 1分钟，运动感知率8 2分钟，运动感知率5 再重复2组 放松：5分钟，运动感知率4	总计：25分钟 燃烧热量：300千卡
2级	热身：5分钟，运动感知率4 主要训练： 2分钟，运动感知率7 90秒，运动感知率8 30秒，运动感知率9 2分钟，运动感知率5 再重复2组 放松：5分钟，运动感知率4	总计：28分钟 燃烧热量：340千卡
3级	热身：5分钟，运动感知率4 主要训练： 3分钟，运动感知率7 2分钟，运动感知率8 2分钟，运动感知率9 2分钟，运动感知率5 再重复2组 放松：5分钟，运动感知率4	总计：37分钟 燃烧热量：410千卡

6 反向阶梯式间隔性训练

锻炼

1级	热身：5分钟，运动感知率4 主要训练： 1分钟，运动感知率6 2分钟，运动感知率7 3分钟，运动感知率8 2分钟，运动感知率5 再重复1组 放松：5分钟，运动感知率4	总计：26分钟 燃烧热量：290千卡
2级	热身：5分钟，运动感知率4 主要训练： 30秒，运动感知率7 90秒，运动感知率8 2分钟，运动感知率9 2分钟，运动感知率5 再重复2组 放松：5分钟，运动感知率4	总计：28分钟 燃烧热量：340千卡

7 增压 Tabata 间隔性训练

锻炼

1级	热身：5分钟，运动感知率4 主要训练： 1分钟，运动感知率6；2分钟，运动感知率5 1分钟，运动感知率7；2分钟，运动感知率5 1分钟，运动感知率7；2分钟，运动感知率5 1分钟，运动感知率8 放松：5分钟，运动感知率4	总计：20分钟 燃烧热量：250千卡
2级	热身：5分钟，运动感知率4 主要训练： 1分钟，运动感知率7；1分钟，运动感知率5 1分钟，运动感知率8；1分钟，运动感知率5 1分钟，运动感知率9；1分钟，运动感知率5 重复1组 放松：5分钟，运动感知率4	总计：22分钟 燃烧热量：275千卡
3级	热身：5分钟，运动感知率4 主要训练： 2分钟，运动感知率7；1分钟，运动感知率5 2分钟，运动感知率8；1分钟，运动感知率5 2分钟，运动感知率9；1分钟，运动感知率5 重复1组 放松：5分钟，运动感知率4	总计：28分钟 燃烧热量：325千卡

	有氧间隔性训练	
1	**锻炼**	
1级	热身：5分钟，运动感知率4 主要训练： 3分钟，运动感知率5 3分钟，运动感知率6 3分钟，运动感知率7 放松：5分钟，运动感知率4	总计：19分钟 燃烧热量：200千卡
2级	热身：5分钟，运动感知率4 主要训练： 4分钟，运动感知率5 4分钟，运动感知率6 4分钟，运动感知率7 放松：5分钟，运动感知率4	总计：22分钟 燃烧热量：230千卡
3级	热身：5分钟，运动感知率4 主要训练： 5分钟，运动感知率5 5分钟，运动感知率6 5分钟，运动感知率7 放松：5分钟，运动感知率4	总计：25分钟 燃烧热量：260千卡

2 有氧金字塔式间隔性训练

锻炼

1级	热身：5分钟，运动感知率4 主要训练： 3分钟，运动感知率5 3分钟，运动感知率6 3分钟，运动感知率7 3分钟，运动感知率6 3分钟，运动感知率5 放松：5分钟，运动感知率4	总计：25分钟 燃烧热量：280千卡
2级	热身：5分钟，运动感知率4 主要训练： 4分钟，运动感知率5 4分钟，运动感知率6 4分钟，运动感知率7 4分钟，运动感知率6 4分钟，运动感知率5 放松：5分钟，运动感知率4	总计：30分钟 燃烧热量：330千卡
3级	热身：5分钟，运动感知率4 主要训练： 5分钟，运动感知率5 5分钟，运动感知率6 5分钟，运动感知率7 5分钟，运动感知率6 5分钟，运动感知率5 放松：5分钟，运动感知率4	总计：35分钟 燃烧热量：390千卡

1 低强度稳态训练

锻炼

1级	热身：5分钟，运动感知率4 主要训练： 30分钟，运动感知率5~6 放松：5分钟，运动感知率4	总计：40分钟 燃烧热量：400千卡
2级	热身：5分钟，运动感知率4 主要训练： 35分钟，运动感知率5~6 放松：5分钟，运动感知率4	总计：45分钟 燃烧热量：450千卡
3级	热身：5分钟，运动感知率4 主要训练： 40分钟，运动感知率5~6 放松：5分钟，运动感知率4	总计：50分钟 燃烧热量：500千卡

《肌肉训练进化教程——微运动打造核心区》的饮食

为了使《肌肉训练进化教程——微运动打造核心区》起作用,你需要少摄入热量,造成热量赤字,从而减肥。当摄入了高营养的热量时,你可以从每一个核心肌塑造训练和有氧运动中收获更多,到时候照照镜子就知道效果了。为此,我制订了一个减肥方案,这个方案依赖于营养丰富的、让人能负担得起的食物,这些食物很容易在家里或外面找到——事实上,《肌肉训练进化教程——微运动打造核心区》中的大多数食物都可以在餐馆的菜单上找到。当然,有无数的食物可以帮助你实现目标,但是都是通过减少饮食来实现的,我希望能让你的饮食变得不那么令人容易放弃,并简化热量的计算过程。如果你能坚持食用《肌肉训练进化教程——微运动打造核心区》中的食物,可以节省时间和功夫去寻找营养的相关信息,而且更容易实现你每天的热量目标。

知道吃什么、吃多少

为了成功的按照《肌肉训练进化教程——微运动打造核心区》执行饮食,你需要知道怎样计算。每天你都要保证只能吃每一类食物推荐的分量,还需要知道摄入了多少热量。

只要满足每日所需,你就可以将这些食物自由组合在一起。这样就可以挑选你喜欢的食物。在我的饮食计划示例中,每天有三餐和两次零食。你会发现,当你吃这些食物和零食时并没有什么注意事项,一天下来,热量摄入便会自然小于热量消耗。而且你可以随时享用它们。话虽如此,大多数人(包括我在内)都喜欢每隔3～4个小时就吃点东西，每次都吃一小份，更能避免在一天结束时产生"饥饿"的感觉而导致我们选择可怕的食物。不管你什么时候选择吃东西，健康、成功的饮食关键都是要有计划。如果不确定下一次进食或零食的地点和方式，那么就很有可能食用一些很方便但不健康的东西。

计算每天的热量目标

第一步。用 Mifflin 公式计算你的静息代谢率（见42页）。

第二步。将结果乘以计划要做运动等级的活动系数（见第42页）。

第三步。在总数里减去500千卡，以达到减肥的目的。

静息代谢率 × 活动系数 −500千卡 = 减肥时每天的热量目标

要想每周减掉1千克脂肪，这就是你每天需要摄入的热量数。

记住，不管你用静息代谢率公式算出多少，都不应每天摄入少于1400千卡，否则你的新陈代谢会减慢，会失去肌肉而不是脂肪，最终会增加身体脂肪含量。《肌肉训练进化教程——微运动打造核心区》整本书的目的是降低身体脂肪，让你拥有一个性感的、纤瘦的核心肌，所以要保证身体有足够的能量来完成目标！

《肌肉训练进化教程——微运动打造核心区》每日需求分配

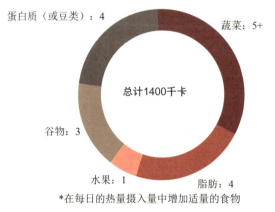

*在每日的热量摄入量中增加适量的食物

对于每一种食物，我都列举了相当于 100 千卡的分量。在 100 千卡的分量中考虑你的饮食会更容易记录一天的热量摄入量。《肌肉训练进化教程——微运动打造核心区》以 1400 千卡为基准的，尽可能多摄入低糖蔬菜（详见 144 页）。如果你的目标是 1700 千卡，那么可以先摄入基准部分的热量，再从列表中增加三份食物以获得其他 300 千卡的热量。是不是很简单？

蔬菜是《肌肉训练进化教程——微运动打造核心区》计划的重要部分。高营养、低热量，增加蔬菜的摄入量就能达到减肥的目的。在列表中，几乎所有的蔬菜都是超低热量和低糖的，你可以毫无顾忌的吃，而不必担心这些热量。一些高热量的蔬菜，如球芽甘蓝、胡萝卜和豌豆，虽然营养丰富，但必须计算每天的摄入量。如果你不想为蔬菜而费心劳力，那就只看那些被列为"零热量"的食物吧。每天至少要吃 5 份蔬菜。每顿饭和零食都简单地摄入一种蔬菜很容易实现。在选择吃什么时，要优先考虑蔬菜。首先挑选蔬菜，再用蔬菜摆满盘子。摄入了蔬菜，其余热量的摄入要保持水果、精瘦肉蛋白、健康脂肪和全谷物碳水化合物的平衡。

如果你想简化热量的计算，那么就按照我为你准备的膳食计划示例执行。因为要求每天要摄入 1400 千卡的热量，所以如果你的热量数高于 1400 千卡，就需要相应增加合适的分量。在如何利用膳食计划进行指导方面，还附上了一些关于如何选择食物的提示。我已经尽最大努力让食物变得简单和容易准备；以备在你外出或不想做饭的时候可以做出"即食"的选择。另一方面，如果你想尝试新食谱，鼓励你遵循我设计的减肥食谱。这些食物会美味到让你难以相信对身体有好处！

多喝水！

如果想拥有苗条的身材，需要摄入适量的健康食品。首先，要了解水合作用对塑造令人艳羡的核心肌的重要性。我的其中一位个人训练领域的启蒙老师刚参加完健身比赛。他是一个控制身体成分的专家，通过调整饮食来指导他的客户，结果却令人震惊。他最重要的减肥准则之一就是水合作用。当时我认为这是违背常理的——如果我摄入了大量的水，难道不会觉得肚子胀嘛？事实证明，水的摄入量不足会使身体储存更多的脂肪，原因如下：

《肌肉训练进化教程——微运动打造核心区》食物清单

食物	100热量的分量
低糖蔬菜	
芦笋	无限量-可视为0千卡
西兰花	无限量
卷心菜	无限量
花椰菜	无限量
绿叶蔬菜：甘蓝、菠菜、芝麻菜、羽衣甘蓝、甜菜等	无限量
辣椒：红、黄、橙	无限量
新鲜西红柿	无限量
高热量蔬菜	
球芽甘蓝	10片
胡萝卜	4根小的，约6英寸（约15厘米）长
豌豆	1茶杯
水果	
苹果	1个中等大小，直径约3英寸（约7.5厘米）
香蕉	1根小的，约6英寸（约15厘米）长
蓝莓	1茶杯
西柚	1个中等大小，直径约3英寸（约7.5厘米）
橙子	1个大的，直径约3英寸（约7.5厘米）
草莓	2茶杯（完整的，未切开）
蛋白质	
牛肉：有机的、以草喂养，至少90%瘦肉	2盎司（约60克）
鸡胸肉：有机的、散养的	3盎司（约85克），熟的
鸡蛋：有机的、散养的	1.5个鸡蛋或5个蛋白

续表

食物	100热量的分量
蛋白质	
海鲜：鳕鱼、三文鱼、金枪鱼、比目鱼、罗非鱼	熟鲑鱼2盎司（约60克）或者熟白鱼3千克（约85克）
贝类：蛤、牡蛎、蟹	4盎司（约115克），熟的
火鸡胸：有机的，不加硝酸盐	3盎司（约85克），熟的
脂肪	
杏仁	0.5盎司（约15克），约12个
鳄梨	1/3个
橄榄油	少于1汤匙
花生	0.5盎司（约15克），约17个
开心果	1盎司带壳或1/2茶杯脱壳
葵花子	0.5盎司（约15克）带壳或1/3茶杯脱壳
谷物和碳水化合物	
糙米	1/8茶杯未烹饪或1/2茶杯熟制
燕麦	1/4茶杯未烹饪
玉米糕	3.5英寸（约9厘米）切片或1/2茶杯未烹饪
藜麦	未烹饪1/8茶杯或3/4茶杯熟制
南瓜属植物：橡子、白胡桃、意大利面	切丁1/2茶杯（橡子、白胡桃）或1/2茶杯熟制（意大利面）
红薯/山药	2/3茶杯熟制
豆类	
黑豆	1/2茶杯熟制
鹰嘴豆	1/3茶杯熟制
小扁豆	1/2茶杯熟制
斑豆	1/2茶杯熟制
豆腐	6盎司（约170克）软的或5盎司（约140克）硬的

- 身体会误以为口渴就是饥饿，当你真正需要喝水的时候，它会给你发出信号。
- 为了保存水分和能量，慢性脱水导致的新陈代谢变慢也会使肝脏储存更多的脂肪。
- 脱水会对身体造成压力，表现为身体释放胰岛素和皮质醇，这会使身体储存多余的脂肪。

为了保证充分的水合作用，每天应该补充以体重的一半为目标的水分［例如，如果你的体重是150磅（约68千克），每天应喝75盎司（约2升）的水］。如果你在锻炼过程中经常出汗，那么需要喝更多的水来补充水分。一般来说，每个小时的剧烈运动应补充20盎司（约600毫升）的水。

坚持记食物日记

几年前，一位40多岁的女性绝望的来找我。她一直在吃洁净、健康的食物，但自从10年前有了两个孩子后，她再也减不掉长上去的15磅（约7千克）了。我让她坚持记食物日记，这样我就可以确定哪些食物是妨碍减肥的罪魁祸首。几周后，她给我一本我见过的最健康、对热量最敏感的食物日记。她经常锻炼身体，每周3天的燃脂间歇训练，但体重却没什么变化。我把她的饮食中去掉了乳制品，体重没有变化。又在饮食中去掉了玉米和豆制品，增加了水、纤维，并大幅度减少了钠的摄入，但是体重一点都没减少。我感觉特别沮丧，因为没能解决这个问题，我的客户也很沮丧，她越来越努力的锻炼却一直没看到效果。直到最后她放弃了和我一起训练。当时我特别有挫败感。

几年之后，我在一个杂货店碰到了她。她的体重下降了不少——她看起来又苗条又健康。我特别想知道她是怎么做到的。她看着我的眼睛对我说："我再也没有在饮食日记里撒谎了。"

诚实地记录你吃了什么、吃了多少。即便是你从同事那拿几颗巧克力豆，也要把它记下来。

如果你在准备晚餐的时候吃了一点薯片，把它记下来。如果你能避免这种无意识进食和在这里或那里多吃几口东西，那么你为减肥付出的努力将就能得到回报。

为了帮助你记录每天的热量摄入量，我设计了一个《肌肉训练进化教程——微运动打造核心区》日志（见第190页），它可以帮助你很容易地查看基准线要求，并补充当天剩余的热量。查看下面的示例，并使用最适合自己的方法。每星期结束时，检查身体各部位尺寸数据。这里还有一个跟踪记录表，用来记录你的体成分和腰部、臀部和腹部的尺寸（见第188页）。可能你要花费好几周的时间，才能减小腰围。但要注意的是，如果你在饮食日记里撒谎的话，每周的测量数据也会如实反映出来。

> **你的减肥度量标准**
>
> ▶ 通过记录食物保持每天摄入的热量在你的热量目标范围之内。
> ▶ 每顿饭/零食至少吃一份蔬菜
> ▶ 每天喝一半体重的水（以千克为单位）

如何作弊和取胜

你可能会想，是否偶尔可以小放纵一下，比如一小块巧克力、一杯酒，或者其他什么？事实上，我鼓励你每周都享受一次"欺骗"。我从不认为遵照一个如此严格的饮食计划的过程中，不允许有任何犯错；无论是在生理上还是心理上，这都是很危险的。你需要有一个可持续的计划，一个可以长期坚持的计划，而不是一个极端的、只能坚持几天的减肥计划。出于这些原因，我希望你每周能享受一次小放纵以慰劳你辛苦的锻炼。

需要告诫你的是——如果过度在饮食上自欺欺人，可能会毁掉你在前6天里所有的努力。如果你觉得过于夸张或不太可能的话，那就想想你以前享受过的那些"欺骗"的食物吧。根据我自己和客户们失败的饮食尝试，应该是像以下这些：

- 一小篮子热面包，每片上抹有黄油或橄榄油（500～700千卡）
- 3厚片香肠蘑菇比萨（800～1000千卡）
- 一大块奶油芝士蛋糕（1000～1200千卡的热量）

CORE ENVY LOG

Date 6/7   Water (8 oz.) ☒ ☒ ☒ ☒ ☒ ☒ ☒

DIET

Breakfast — Core Envy Smoothie

Snack — 2 hard-boiled eggs with 1 cup broccoli

Lunch — Chicken Salad from Chipotle with corn, ¾ cup brown rice

Snack — Kind Bar (count as 1 fat, 1 grain)

Dinner — Baked Halibut with Strawberry Cilantro Salad and ¾ cup brown rice

FOOD	PORTION	CALORIES
Vegetables	☒ ☒ ☒ ☒ ☒ 6 7	200
Fruits	☒ 2 3	150 (1½ fruit)
Protein (including legumes)	☒ ☒ ☒ ☒ 5 6 7	400
Fats	☒ ☒ 3 4 5	300
Grains & Carbohydrates	☒ ☒ ☒ ☒	400

DAILY CALORIE GOAL 1500
ACTUAL CALORIES 1450
⊘ 50

WORKOUT

SCULPTING

ROUTINE	SETS	EXERCISES	LEVEL
Pushing + Pulling	2	1–10	2

CARDIO

WORKOUT	NO.	TIME	LEVEL
Aerobic Intervals	1	22 min.	2

如果你一次性把这些东西都吃光，热量就会达到 3350 千卡！如果每天热量目标是 500 千卡，那么每周就有 3500 千卡的赤字。我们假设欺骗餐接近 3500 千卡，那么就会使你努力设置的热量限制付之东流。

欺骗餐带来的破坏远大于我们的想象。为了避免这种情况，每周用现金买一份食物，而非一整顿饭。这就意味着你的欺骗餐才几百热量而非几千热量。要想获得令人艳羡的核心肌，就不要将欺骗餐的概念视为等同于毫无顾忌的摄入。

现成的套餐计划

这些计划都是以 1400 千卡的饮食为基础设定的，所以如果根据第 142 页的公式计算出个人热量摄入量高于这些的话，那么你需要增加适当数量 100 千卡的食物来达到目标。关于选择哪种类型的食物，可以参照以下基本准则：

- 如果你正在进行 3 级有氧运动计划，那么就要适时增加碳水化合物和脂肪的摄入。
- 如果你想在晚餐后加餐或想吃点甜的东西，那么就增加水果的摄入。
- 如果你想稳定血糖或锻炼肌肉塑形，那么就增加蛋白质或豆类的摄入。

饮食计划的使用

- 每个早餐、午餐和晚餐的选择约为 300 千卡。每次零食的选择约为 200 千卡。

- 每天一顿早餐、一顿午餐、一顿晚餐和两次零食。这些将达到 1300～1400 千卡。如果你的每日摄入热量目标比这个数值高,那就另增加一份零食或一顿餐来达到目标。

- 如果你想每天吃同样的早餐,那就放手去做吧!保持一致性是很关键的,尤其是当你刚开始这个计划的时候。

- 如果可能的话,午餐可以吃前一天晚餐剩下的菜。做一次,吃两次……或者三至四次!

- 每个食谱列出的总热量以及《肌肉训练进化教程——微运动打造核心区》食物分量数,可以允许你轻松的知道每天摄入多少蔬菜、水果、蛋白质、脂肪、谷物和豆类。

- 别忘了可以每周享受一次或两次欺骗餐!欺骗餐最多不超过 400 千卡。接下来一天的时间里都要遵照《肌肉训练进化教程——微运动打造核心区》饮食计划。

早餐	零食	午餐	晚餐
选择1 思慕雪 （见第153页）	选择1 1/3杯甜辣鹰嘴豆泥和无限量零热量蔬菜（见第164页）	选择1 豆腐春卷配花生酱 （见第157页）	选择1 烤比目鱼配草莓香菜沙拉 （见第162页）
选择2 蔬菜煎蛋卷 （见第152页）	选择2 两个水煮蛋和无限量零热量蔬菜	选择2 能量沙拉 （见第156页）	选择2 烤鸡胸肉配南瓜和糙米 （见第160页）
选择3 炒红薯 （见第154）	选择3 2茶匙坚果和无限量零热量蔬菜	选择3 火鸡汉堡配大份沙拉	选择3 花椰菜藜麦配牛里脊肉 （见第161页）
选择4 迷你乳蛋饼 （见第155页）	选择4 少于200热量的能量棒和5克糖	选择4 红薯和黑豆薄饼卷 （见第159页）	选择4 三文鱼配玉米糕和青豆 （见第163）
便携式选择 1个水煮蛋、1杯自动柜员机饮料（无糖）	（所有的零食都要符合便携这一条件，因为它们容易被携带。）	便携式选择 鸡肉沙拉（生菜、鸡肉、莎莎酱、半份玉米，不加调料）	便携式选择 1份（约6个）金枪鱼或三文鱼、鳄梨、黄瓜寿司卷（无奶油芝士、无油炸物）、2汤匙配菜沙拉，配油醋汁

素食煎蛋卷　1人份

用蛋清做素食煎蛋卷可以减少热量和脂肪。我都会买上一箱,因为我几乎每天都要吃蛋清,这样会很方便!

1.5 汤匙橄榄油或喷雾式的橄榄油

1 个全蛋液 + 2 个蛋白,轻度打发

一杯新鲜菠菜,切碎

1/4 杯蘑菇,切片

添加你喜欢的蔬菜

1 汤匙意大利调味料

另加 1 份水果

1 把煎锅调到中火,倒入少许橄榄油。放入鸡蛋,均匀摊在平底锅上。待 2 分钟后鸡蛋的边缘凝固。

2 加入菠菜、蘑菇和意大利调味料,再煮 2~3 分钟或直到鸡蛋全熟。将煎蛋卷对折,配以新鲜水果。

每份: 270 千卡(包括 1 个苹果)

分量: 1 份蔬菜、1 份水果、0.5 份蛋白质、0.5 份脂肪

《肌肉训练进化教程——微运动打造核心区》——思慕雪　2人份

　　这种思慕雪的颜色可能是绿色，但香蕉会把蔬菜产生的苦味盖过去。你可以随意添加冰箱里的其他蔬菜：西红柿、辣椒、花椰菜等。发挥想象力，找到你最喜欢的口味！

2 杯生菠菜或其他绿叶蔬菜

1 杯西兰花

1 杯蓝莓

2 勺香草蛋白粉

1 汤匙花生酱

1 根中等大小的中香蕉

2 杯冰水

1 把所有的原料放入搅拌器或食品加工机中，然后捣成泥。

提示： 你可以将剩下的思慕雪放在梅森瓶里放入冰箱—以便能在晚上或者训练后作为简单的零食。

每份： 300 千卡

分量： 1 份蔬菜、1 份水果、1 份蛋白质、1 份脂肪

炒红薯 2人份

1.5 汤匙橄榄油

1 瓣大蒜，切碎

2 勺洋葱，切丁

1 个中等大小的地瓜，切成小方块

两杯新鲜的菠菜，切碎

两个蛋 + 2 个蛋白

1/4 汤匙辣椒粉（选配）

少量红辣椒（选配）

1 煎锅中火加热。放入橄榄油、大蒜、洋葱和红薯。不停翻炒，防止大蒜和洋葱烧焦。

2 当红薯变软时，加入菠菜、鸡蛋、辣椒粉和红辣椒。继续翻炒直至鸡蛋全熟。加入盐和胡椒调味。

每份： 290 千卡

分量： 1 份蔬菜、1 份蛋白质、1 份谷物、1 份脂肪

迷你乳蛋饼 4 人份

2 汤匙橄榄油

6 个鸡蛋

5 蛋白

21.5 盎司（约 610 克）山羊奶酪

1 杯菠菜

1 杯切碎的西红柿

0.5 杯蘑菇，切片

盐、胡椒粉、新鲜或干的罗勒

---

1 烤箱预热至 350℃。将橄榄油均匀抹在 12 个松饼模底部。

2 把鸡蛋、蛋清、山羊奶酪混在一起，轻轻搅拌。把菠菜、西红柿和蘑菇倒入模具底部，然后把蛋液倒在上面。每个模具顶部留出大约 1 英寸（约 2.5 厘米）的空间。撒上盐、胡椒粉和罗勒。

3 烘烤 25 分钟或直至中心熟透。配 1 份水果。

提示：这些小蛋饼可以保存在冰箱或冰柜。解冻只需要放入微波炉加热 60 秒即可。

每份：300 千卡（3 个乳蛋饼配 1 份水果）
分量：1 份蔬菜、1 份水果、0.5 份蛋白质、1 份脂肪

《肌肉训练进化教程——微运动打造核心区》能量沙拉 2人份

1.5 汤匙橄榄油

8 盎司（约 230 克）去皮鸡胸肉（生肉测量）

盐和胡椒粉调味

4 杯混合蔬菜

1 个绿苹果，削皮，切小块

2 盎司（约 60 克）山羊奶酪

2 汤匙核桃，切碎

1 个柠檬，榨汁

---

1 用盐和胡椒给鸡胸肉调味，中火烤制约 8 分钟，直至鸡肉里面熟透。

2 同时，把剩余的沙拉配料放在一个大碗里。

3 把鸡胸切成 1 英寸（约 2.5 厘米）的小块，放到沙拉上面。加入新鲜的柠檬汁，少许盐和胡椒调味。

减肥食谱

每份： 318 千卡

分量： 1 份蔬菜、0.5 份水果、2 份蛋白质、1 份脂肪

豆腐春卷配花生酱 2人份

春卷是我特别喜爱的食物,因为几秒钟就能做好,便于冷藏,而且它们是很好的零食,既健康又充满营养。如果你想多存一点,把食谱加倍即可。

- 1.5 杯煮熟的糙米
- 4 张圆形米纸
- 4 盎司(约 115 克)有机硬豆腐,切成条,像薯条一样
- 1 杯切碎的菠菜、综合蔬菜或蔬菜组合
- 1/4 杯切碎的胡萝卜
- 1/4 杯切碎的新鲜香菜
- 2 汤匙无谷蛋白花生酱

1 根据包装上的说明做糙米饭(你可以一次做很多米饭,然后接下来的日子就不用再做了)

2 把米纸用温水浸泡在一个烙馅饼的平底锅里 10～15 秒。使米纸变得更加柔韧。

3 把米纸放在干净的平面上,在中间放入 1 个豆腐条、1/4 杯菠菜、1 汤匙的胡萝卜和香菜。像玉米煎饼一样把米纸卷起来。用湿润的指尖将春卷封好边。

4 用保鲜膜将做好的春卷包好,然后放入冰箱冷藏 30 分钟。配以无谷蛋白花生酱蘸食及 3/4 杯煮熟糙米。

每份: 306 千卡(2 个春卷配 1 汤匙花生酱,3/4 杯煮熟糙米)
分量: 1 份蔬菜、1 份蛋白质、1 份谷物、1 份脂肪

火鸡肉汉堡配大份沙拉　　4人份

火鸡汉堡做法：

1 磅（约 450 克）超瘦肉或鸡胸肉

2 瓣切碎大蒜

1 汤匙无谷蛋白酱油

1/2 茶匙胡椒粉

1/4 茶匙辣椒（选配）

4 片新鲜西红柿（选配）

4 整片新鲜罗勒叶（选配）

1 把火鸡肉、大蒜、酱油、胡椒和辣椒放在一个大玻璃碗里。用手抓匀直到所有的材料都充分混合在一起。平均分成 4 份，做成肉饼。

2 用中高火烤制 6～7 分钟，直到中心熟透。配以一片新鲜的番茄和罗勒，莎莎酱、芥末酱或者无糖番茄酱。

沙拉做法：

《肌肉训练进化教程——微运动打造核心区》食物清单上任意绿叶蔬菜组合

16 个圣女果

2 杯蓝莓

2 汤匙香醋

2 汤匙新鲜柠檬汁

1/4 杯橄榄油

1 把绿叶蔬菜、圣女果和蓝莓放在一个碗里。

2 将剩下的材料搅拌在一起；倒入沙拉中，搅拌均匀。

每份： 290 千卡

分量： 2 份蔬菜，0.5 份水果，0.5 份蛋白质、1 份脂肪

红薯和黑豆薄饼卷 4人份

1.5 茶匙橄榄油

2 瓣大蒜，切碎

1/4 杯洋葱，切碎

1 个大红薯，切块

1 杯红椒，切碎

1 个 15 盎司（约 425 克）黑豆罐头，去水

1 包纯天然薄饼卷调味料（没有味精）

4 杯切碎生菜

1 个鳄梨，切片

现成的莎莎酱，不加糖（选配）

新鲜香菜（选配）

---

1 在一个大煎锅中倒入橄榄油，中火加热。加入大蒜和洋葱，翻炒几分钟直至变成金黄色。加入红薯和红辣椒，继续煮，直至变软。

2 将火调小，按照包装上的规定加入薄饼卷调味料。然后加入黑豆，搅拌直到混合物被加热，薄饼卷调味料已经充分混合。

3 在一个大碗里放入 1 杯切碎的生菜。上面放入 1/4 的红薯混合物和鳄梨片，如果你喜欢的话，可以加入莎莎酱和香菜。

每份：320 千卡

分量：1 份谷物、1 份豆制品、1 份脂肪

减肥食谱

烤鸡胸肉配南瓜 8人份

4 杯南瓜，去皮，切成 1 英寸（约 2.5 厘米）小块

2 个中等大小绿苹果，去皮，粗切

3/4 杯白洋葱，切碎

1/2 杯核桃，切碎

2 汤匙橄榄油

1 茶匙肉桂

1/2 茶匙海盐

1/4 茶匙黑胡椒粉

2 磅（约 900 克）去骨、去皮鸡胸肉

---

1 烤箱预热至 350℃。

2 除鸡肉外，将其他材料充分混合，放入 9 英寸 ×13 英寸的烤盘。

3 把鸡胸肉放在一个单独的烤盘里，用盐、胡椒粉、大蒜和任何其他你喜欢的无糖调味料进行调味。

4 将南瓜烤盘放入烤箱烤 25 分钟。搅拌一下南瓜，然后把它和鸡肉烤盘一起放回烤箱。继续烤 25～30 分钟，直到鸡肉熟透。

5 将烹调好的鸡肉切成 8 片，配以 1 杯烤南瓜、苹果和核桃混合。

每份：320 千卡

分量：1 份蔬菜、1/4 份水果、2 份蛋白质、1/4 份谷物、1 份脂肪

花椰菜藜麦配牛里脊肉   6人份

1 杯生藜麦

5 杯花椰菜

2 瓣大蒜

2/3 杯杏仁片

1/8 茶匙海盐

2 汤匙新鲜柠檬汁

3 汤匙橄榄油

1/4 杯低脂椰奶

1 磅（约450克）牛肉里脊

1 根据包装上的说明把藜麦煮熟，放置一边。

2 在一个大锅里加入少量水，然后加入盐和西兰花。盖上盖子，煮1分钟。立即关火，放入冷水中。

3 在食品加工机或搅拌机内，混合2杯煮熟的西兰花、大蒜、1/2杯杏仁、盐和柠檬汁。打碎，然后加入橄榄油和椰奶继续打碎。直至混合物像香蒜酱一样光滑。

4 把藜麦和1/2杯香蒜酱混合。加入剩下的花椰菜，根据你的喜好加入花椰菜香蒜酱，用盐和胡椒调味。

5 准备好牛里脊肉，首先剪掉肥肉。用盐和胡椒调味，备用。放入大煎锅，喷上少许橄榄油，用中火，每边煎7~8分钟。关火，静置5分钟，然后切成6等份。

6 每盘配以3/4杯花椰菜藜麦，撒上杏仁。配一片牛里脊肉。

每份： 350 千卡（3/4 杯西兰花藜麦 + 2 盎司（约60克）牛肉）

分量： 1份蔬菜、1份谷物、2份脂肪、1份蛋白质

减肥食谱

烤大比目鱼配草莓香菜莎莎酱　　4人份

- 1 汤匙橄榄油
- 1 汤匙新鲜柠檬汁
- 1 茶匙海盐
- 1 茶匙黑胡椒粉
- 1 磅（约450克）新鲜大比目鱼排（切成4块）
- 1.5 杯糙米
- 2 个西红柿，切碎
- 半个酸橙汁
- 半个牛油果，切粒
- 半个紫皮洋葱，切粒
- 6 个草莓，切碎
- 1 汤匙香菜，切碎
- 1/2 茶匙辣椒
- 1/2 汤匙橄榄油

1 把橄榄油、柠檬汁、盐和胡椒混合倒在大比目鱼上，然后放进玻璃烤盘里。盖上盖子，在冰箱里腌制至少30分钟。

2 按照包装上的说明煮熟糙米。

3 烤箱预热到450℃。

4 将鱼从冰箱中取出，放置10分钟直至玻璃烤盘达到室温。10分钟后，把玻璃烤盘放在烤箱里（腌料仍在鱼上）。烤制约8~12分钟，时间取决于鱼的厚度，直至很容易用叉子将鱼肉叉起。

5 烤鱼的时候，把剩下的材料放在一个大碗里做莎莎酱。

6 每片鱼排配以3/4杯糙米饭和莎莎酱，共分为4等份。

每份： 330千卡（3/4杯糙米饭，1片鱼排配莎莎酱）
分量： 0.5份水果、1份蛋白质、1份谷物、1份脂肪

三文鱼配玉米糕和青豆 4人份

12 盎司（约 340 克）野生三文鱼
1 汤匙新鲜柠檬汁
1/4 茶匙辣椒粉（选配）
盐和胡椒
玉米糕：
1 汤匙橄榄油

1 个 18 盎司（约 510 克）管状半成品玉米糕、切成 1/2 英寸（约 1.3 厘米）厚片
1/4 茶匙干牛至
1/4 茶匙干罗勒
盐和胡椒
新鲜青豆

1 烤箱预热到高温。

2 把三文鱼放在烤盘里，内衬锡箔纸，撒上柠檬汁。用辣椒、盐和胡椒调味。三文鱼烤制 10~12 分钟，直到中心熟透。烤制过程中不要翻动三文鱼。

3 烹饪三文鱼时，准备好玉米糕和青豆。

4 在一个大煎锅中放入橄榄油，中火加热。把玉米糕切片放在锅里，然后撒上调料。煎至每面呈金黄色。

5 将新鲜青豆放到蒸锅里，蒸 10~15 分钟左右，直至青豆软烂。

6 把三文鱼、玉米糕和青豆分成 4 份开始享用吧！

每份： 340 千卡
分量： 1 份蔬菜、0.5 份蛋白质、1 份谷物、1 份脂肪

甜辣鹰嘴豆泥   9人份

这种在传统鹰嘴豆泥上的变化很有意思。如果你更喜欢中性口味的鹰嘴豆泥，那就别放辣椒。调整配料，找到适合自己的口味。例如，喜欢多一点大蒜，少点芝麻酱或多点辣椒和少量肉桂。发挥你的创意，乐在其中！

115 盎司（约 3.3 千克）鹰嘴豆

1/3 杯芝麻酱

2 汤匙新鲜柠檬汁

2 汤匙橄榄油

1/8 茶匙黑胡椒粉

1/8 茶匙海盐

1/8 茶匙肉桂

1/4 茶匙辣椒

2 瓣切碎的大蒜

1 预留出 1/2 杯鹰嘴豆里的汁液，然后冲洗鹰嘴豆并控干水分。

2 将所有材料（包括保留的鹰嘴豆汁液）放到搅拌机或食物处理器内搅拌，直至出现类似奶油的纹理。

每份： 114 千卡（1/3 杯）

分量： 0.5 份脂肪、1/2 份豆类

减肥食谱

《肌肉训练进化教程——微运动打造核心区》锻炼计划

8 周锻炼计划

现在是时候把所有的塑形动作和有氧运动都纳入你每周的日程表上了。不过别担心；你不必非得弄清楚如何才能设计出一个最好的健身计划——因为我已经为你搞定所有事情啦！在下面几页里，你会看到一个为期 8 周的《肌肉训练进化教程——微运动打造核心区》计划指南。

每周的日程安排中，强度变化是基于运动科学原理的研究，即便你想按照自己的想法，也强烈建议坚持这些参数。我已经很仔细的设计高强度和低强度训练的交替练习，并且在你身体最需要的时候，有策略的安排休息日。此外，8 周的过程是符合科学规律的：1～3 周，逐渐增加强度和持续时间，然后第 4 周让你从刻苦锻炼中恢复，再循环重复。以这种方式，既可以帮助你建立核心力量和耐力，又不会给身体造成过度的负担。

有以下 3 个级别可供你选择：1 级是初级，2 级是中级，3 级是进阶级。如果不确定哪一个对你来说最合适，我建议从较为容易的开始；如果你觉得没有挑战性，可以尝试更高级别。我发现人们在有氧运动和塑形方面的水平并不相同，这可能会导致一个人在有氧运动的水平上能达到 3 级，而核心力量的水平却只是 1 级（反之亦然）。如果你的核心力量和有氧力量不在同一水平，请遵照符合核心力量水平的训练计划。

我已经设计了有氧运动，这样每一天都有指定的要遵照的有氧运动练习（例如，HIIT 锻炼 1），但并没有说明要按照哪个锻炼级别。这就意味着你可以按照 1 级来做核心力量，按照 3 级来做有氧运动。每周的日程安排都有额外的说明和解释。

锻炼的原则

• 如果在一周的锻炼里,你跳过了一天的有氧运动,一定要确保跳过的不是高强度间歇性训练!另一方面,不要让所有有氧运动都达到高强度。过度训练带来的生理效应与训练不足一样有伤害。

• 不要连续几天都做高强度间歇性训练。每次锻炼身体需要至少48小时才能恢复。

• 选择适合你的级别进行锻炼。我已经设计了非常灵活的有氧运动计划,你可以周一进行1级的锻炼,如果觉得还不错,可以在周三进行2级的锻炼。在核心肌塑造训练的过程中,每次运动都要选择适合的级别。

• 核心肌塑造训练要在有氧运动之前进行。当你开始有氧运动的时候,身体会进入脂肪燃烧模式。

• 当进行核心肌塑造训练时,不要过于急躁。冲劲太强是有效核心训练的劲敌。

第一周	找到你的核心		
	周一	周二	周三
1级	有氧运动 HIIT训练1，20分钟	核心肌塑造训练 平衡+等长收缩，1～2组1～5的训练	休息
2级	有氧运动 HIIT训练1，22分钟	核心肌塑造训练 平衡+等长收缩，1～2组1～8的训练	休息
3级	有氧运动 HIIT训练1，28分钟	核心肌塑造训练 平衡+等长收缩，1～2组1～10的训练	有氧运动 有氧训练1，25分钟

当你选择做 1 组或 2 组（甚至 3 组）的练习时，我建议你先完成较低量的训练。当完成所有的练习后，对自己进行评估。如果你想得到最大的成效而且身体允许的话，那么从头开始，再做第二组练习（或第三组）。

周四	周五	周六	周日
核心肌塑造训练	**休息**	**核心肌塑造训练**	**休息**
1～2组推+拉1～5训练		1～2组扭转+屈体1～4的训练	
有氧运动		**有氧运动**	
有氧训练1，19分钟		低强度训练，40分钟	
核心肌塑造训练	**有氧运动**	**核心肌塑造训练**	**休息**
1～2组推+拉1～8训练		1～2组扭转+屈体1～6的训练	
有氧运动	低强度训练，45分钟		
有氧训练1，22分钟			
核心肌塑造训练	**有氧运动**	**核心肌塑造训练**	**休息**
1～2组推+拉1～10训练	低强度训练，50分钟	1～2组扭转+屈体1～8的训练	

《肌肉训练进化教程——微运动打造核心区》锻炼计划

建立你的核心

第二周		周一	周二	周三
1级		有氧运动	核心肌塑造训练	休息
		HIIT训练2，20分钟	平衡+等长收缩，1～2组1～6的训练	
2级		有氧运动	核心肌塑造训练	休息
		HIIT训练2，30分钟	平衡+等长收缩，1～2组1～10的训练	
3级		有氧运动	核心肌塑造训练	有氧运动
		HIIT训练2，36分钟	平衡+等长收缩，2～3组1～10的训练	有氧训练1，25分钟

在第二周，需要花更多时间在有氧运动和核心肌塑造锻炼上。把这些锻炼看成头等大事——这就是如何打造一个强大核心的方法！

周四	周五	周六	周日
核心肌塑造训练	休息	核心肌塑造训练	休息
1～2组推+拉6～10训练		1～2组扭转+屈体5～8的训练	
有氧运动		有氧运动	
有氧训练1，19分钟		低强度训练，40分钟	
核心肌塑造训练	有氧运动	核心肌塑造训练	休息
1～2组推+拉1～10训练	低强度训练，45分钟	1～2组扭转+屈体1～8的训练	
有氧运动			
有氧训练1，22分钟			
核心肌塑造训练	有氧运动	核心肌塑造训练	休息
2～3组推+拉1～10训练	低强度训练，50分钟	2～3组扭转+屈体1～8的训练	

第三周

促进你的新陈代谢

	周一	周二	周三
1级	有氧运动 HIIT训练3，18分钟	核心肌塑造训练 平衡+等长收缩，1～2组1～10的训练	休息
2级	有氧运动 HIIT训练3，19分钟	核心肌塑造训练 平衡+等长收缩，2～3组1～10的训练	休息
3级	有氧运动 HIIT训练3，22分钟	核心肌塑造训练 平衡+等长收缩，3组1～10的训练	有氧运动 有氧训练1，25分钟

第3周是我们进入恢复周之前的最后一搏。集中注意力，尽可能提高你的动作质量。此刻你已经经历了所有的练习——千万不要敷衍。在Tabata式的有氧运动中，努力督促自己！这些短时间的练习要将注意力集中在强度上。

周四	周五	周六	周日
核心肌塑造训练	休息	核心肌塑造训练	休息
1～2组推+拉1～10训练		1～2组扭转+屈体1～8的训练	
有氧运动		有氧运动	
有氧训练1，19分钟		低强度训练，40分钟	
核心肌塑造训练	有氧运动	核心肌塑造训练	休息
2～3组推+拉1～10训练		2～3组扭转+屈体1～8的训练	
有氧运动	低强度训练，45分钟		
有氧训练1，22分钟			
核心肌塑造训练	有氧运动	核心肌塑造训练	休息
3组推+拉1～10训练	低强度训练，50分钟	3组扭转+屈体1～8的训练	

《肌肉训练进化教程——微运动打造核心区》锻炼计划

第四周 促进你的新陈代谢

		周一	周二	周三
1级		有氧运动	核心肌塑造训练	休息
		HIIT训练4，20分钟	平衡+等长收缩，1组1～8的训练	
2级		有氧运动	核心肌塑造训练	休息
		HIIT训练4，22分钟	平衡+等长收缩，1组1～10的训练	
3级		有氧运动	核心肌塑造训练	有氧运动
		HIIT训练4，28分钟	平衡+等长收缩，2组1～10的训练	有氧训练1，25分钟

你已经通过3周的时间来建立核心力量和有氧耐力，现在是时候让身体进入恢复周了。从第三周开始，你会发现训练的持续时间和强度都在减低。让身体做主，如果需要的话，休息一下——可以选择低强度的有氧运动，如果有需要可以多休息一下。

	周四	周五	周六	周日
	核心肌塑造训练	休息	**核心肌塑造训练**	休息
	1组推+拉1~8训练		1组扭转+屈体1~5的训练	
	有氧运动		**有氧运动**	
	有氧训练1,19分钟		低强度训练,40分钟	
	核心肌塑造训练	**有氧运动**	**核心肌塑造训练**	休息
	1组推+拉1~10训练	低强度训练,45分钟	1组扭转+屈体1~8的训练	
	有氧运动			
	有氧训练1,22分钟			
	核心肌塑造训练	**有氧运动**	**核心肌塑造训练**	休息
	2组推+拉1~10训练	低强度训练,50分钟	2组扭转+屈体1~10的训练	

锻炼计划 第4周

塑造你的核心

第五周	周一	周二	周三
1级	有氧运动 HIIT训练5，25分钟	核心肌塑造训练 平衡+等长收缩，2～3组1～10的训练	休息
2级	有氧运动 HIIT训练5，28分钟	核心肌塑造训练 平衡+等长收缩，3组1～10的训练	休息
3级	有氧运动 HIIT训练5，37分钟	核心肌塑造训练 平衡+等长收缩，3～4组1～10的训练	核心肌塑造训练 3～4组推+拉1～10训练 有氧运动 有氧训练2，35分钟

在恢复周后，你一定觉得精力充沛，并急于开始回归到紧张的锻炼中去。在第5周，我们在核心肌塑造训练方面加大了运动量，所以你将看到更加频繁和更大量的核心肌塑造训练。

周四	周五	周六	周日
核心肌塑造训练	**核心肌塑造训练**	**有氧运动**	**休息**
2～3组推+拉1～10训练	2～3组扭转+屈体1～8的训练	低强度训练，40分钟	
有氧运动			
有氧训练2，25分钟			
核心肌塑造训练	**核心肌塑造训练**	**有氧运动**	**休息**
3组推+拉1～10训练	3组扭转+屈体1～8的训练	低强度训练，45分钟	
有氧运动			
有氧训练2，30分钟			
有氧运动	**核心肌塑造训练**	**有氧运动**	**休息**
低强度训练，50分钟	3～4组推+拉1～8训练	HIIT训练4，28分钟	

第六周 溶脂

	周一	周二	周三
1级	有氧运动 HIIT训练6，26分钟	核心肌塑造训练 2～3组平衡+等长收缩1～10的训练	休息
2级	有氧运动 HIIT训练6，28分钟	核心肌塑造训练 3组平衡+等长收缩 1～10的训练	休息
3级	有氧运动 HIIT训练6，34分钟	核心肌塑造训练 3～4组平衡+等长收缩 1～10的训练	核心肌塑造训练 3～4组推+拉1～10的训练 有氧运动 有氧训练2，35分钟

从你开始《肌肉训练进化教程——微运动打造核心区》计划以来，其实一直在溶脂，但在第6周，我为你增加了一些有氧运动，并增加了强度及另一轮Tabata式间歇。本周的挑战是看你能否在间歇时更胜一筹。当你达到RPE量表上7～9的时候，能让自己在再加把劲儿吗？我知道你一定行！

锻炼计划 第6周

周四	周五	周六	周日
核心肌塑造训练	核心肌塑造训练	有氧运动	休息
2～3组推+拉1～10训练	2～3组扭转+屈体1～10的训练	低强度训练，40分钟	
有氧运动			
有氧训练2，25分钟			
核心肌塑造训练	核心肌塑造训练	有氧运动	有氧运动发（备选）
3组推+拉1～10训练	3组扭转+屈体1～10的训练	低强度训练，45分钟	HIIT训练6，28分钟
有氧运动			
有氧训练2，30分钟			
有氧运动	核心肌塑造训练	有氧运动	休息
低强度训练，50分钟	3～4组扭转+屈体1～10训练	HIIT训练6，34分钟	

《肌肉训练进化教程——微运动打造核心区》锻炼计划　181

第七周	超强负荷		
	周一	周二	周三
1级	有氧运动 HIIT训练7，19分钟	核心肌塑造训练 3组平衡+等长收缩，1～10的训练	休息
2级	有氧运动 HIIT训练7，20分钟	核心肌塑造训练 3组平衡+等长收缩1～10的训练	休息
3级	有氧运动 HIIT训练7，25分钟	核心肌塑造训练 3～4组平衡+等长收缩1～10的训练	核心肌塑造训练 3～4组推+拉1～10训练 有氧运动 有氧训练2，35分钟

这是最具挑战性的一周！本周里，有6～7天的锻炼，所以要预留好时间。你应该感到更强壮、更自信、更熟悉这些锻炼。最重要的是，你应该需要另一套健身服了，因为你的旧衣服太大了！集中注意力，胜利就在眼前。

周四	周五	周六	周日
核心肌塑造训练	**有氧运动**	**有氧运动**	**核心肌塑造训练**
3组推+拉1～10训练	低强度训练，40分钟	HIIT训练7，19分钟	3组扭转+屈体1～8的训练
有氧运动			
有氧训练2，25分钟			
核心肌塑造训练	**有氧运动**	**有氧运动**	**核心肌塑造训练**
3组推+拉1～10训练	低强度训练，45分钟	HIIT训练7，20分钟	3组扭转+屈体1～10的训练
有氧运动			
有氧训练2，30分钟			
有氧运动	**核心肌塑造训练**	**有氧运动**	**核心肌塑造训练**
低强度训练，50分钟	3～4组扭转+屈体1～10训练	HIIT训练7，25分钟	3组推+拉1～10的训练

第八周	**锦上添花**		
	周一	周二	周三
1级	有氧运动	核心肌塑造训练	休息
	HIIT训练4，20分钟	2组平衡+等长收缩，1～8的训练	
2级	有氧运动	核心肌塑造训练	休息
	HIIT训练4，22分钟	2组平衡+等长收缩1～10的训练	
3级	核心肌塑造训练	核心肌塑造训练	有氧运动
	3组推+拉1～10训练	3组平衡+等长收缩1～10的训练	有氧训练1，25分钟

现在已经进入了《肌肉训练进化教程——微运动打造核心区》计划的最后一周！你一直在锻炼核心力量，通过剧烈的有氧运动燃烧脂肪，并通过低强度锻炼造就出坚实的有氧耐力基础。在第5～7周里，锻炼的量和强度逐渐增加。如果把健身看作是登山，现在你已经正式登顶啦！在第8周，你可以退后一步，尽情欣赏风光。回顾你的锻炼，看看你经历的一切，然后照照镜子，相信已经收获了一个更强大、更性感的核心！

锻炼计划 第8周

	周四	周五	周六	周日
	核心肌塑造训练	**休息**	**核心肌塑造训练**	**休息**
	2组推+拉1～8训练		2组扭转+屈体1～6的训练	
	有氧运动		**有氧运动（备选）**	
	有氧训练1，19分钟		低强度训练，40分钟	
	核心肌塑造训练	**核心肌塑造训练**	**有氧运动（备选）**	**休息**
	2组推+拉1～10训练	3组扭转+屈体1～8的训练	低强度训练，45分钟	
	有氧运动			
	有氧训练1，22分钟			
	核心肌塑造训练	**有氧运动（备选）**	**核心肌塑造训练**	**休息**
	3组推+拉1～10训练	低强度训练，50分钟	3组扭转+屈体1～10训练	

《肌肉训练进化教程——微运动打造核心区》锻炼计划

跟踪进度用具

你一直以来都致力于《肌肉训练进化教程——微运动打造核心区》计划——现在是时候跟踪每周测量和称体重的结果了。也许你称重或者用卷尺量肚子尺寸已经有一段时间了，也许是因为你知道自己不会满意这些数字。一来是怀疑自己体重增加；二来是将其量化。我曾经有很长一段时间，坚决不上秤或检查我的体脂肪，然后最终当我面对这些数字时，感到特别失望。我怎么能让它失控了？我还以为只有几千克呢！这种情况有多久了？

本着对自己负责的态度，你有必要了解你的身体。没有别人比你更需要了解这些数字，所以大胆的上称、紧握卷尺吧。把它写下来，遵照《肌肉训练进化教程——微运动打造核心区》计划执行，这些数字就会慢慢下降。每周签到将成为你最期待的事情，因为它是对你努力程度的肯定。

准确测量的小贴士：

• 早起第一件事就是不穿衣服称重。

• 如果你有一个可以测体脂肪的秤，那么每次测量的时候尽量让身体的水分保持一致。因为这些体脂秤是利用生物电阻抗来测量身体脂肪的，水分含量会影响测量结果。

穿上泳装或是运动服在开始训练计划之前和完成之后拍照留存。你能真实看到在开始训练前自己的样子。看看自己的变化就有了继续向前的动力！

周记

测量结果	第一周	+/-	第二周	+/-	第三周	+/-	第四周
腰部（躯干最细的部位）							
腰围							
臀部（躯干最宽的部位）							
总计							

体成分	第一周	+/-	第二周	+/-	第三周	+/-	第四周
体脂/%							
体重							

起始体重：　　　　　　　　　目标体重：
总计减少英寸：　　　　　　　总计减少体脂（%）：

+/−	第五周	+/−	第六周	+/−	第七周	+/−	第八周	+/−

+/−	第五周	+/−	第六周	+/−	第七周	+/−	第八周	+/−

《肌肉训练进化教程——微运动打造核心区》记事

日期	水 [8盎司（约225毫升）] 1 2 3 4 5 6 7 8
饮食	

食物	分量	热量
蔬菜	1 2 3 4 5 6 7	
水果	1 2 3	
蛋白质（含豆类）	1 2 3 4 5 6 7	
脂肪	1 2 3 4 5	
谷物&碳水化合物	1 2 3 4	
	每日热量目标	
	实际热量	
	+/-	

运动

塑身			
课程	组	练习	级别

有氧运动			
锻炼项目	序号	时间	级别

给臀部的额外福利

　　这个部分是想要你的臀部变得更火辣，并且塑造最圆、最结实的肌肉！

　　"booty"这个词指的是臀肌，它是骨盆后侧最大、最重要的肌肉。如果你的臀部很弱，或者没有竭尽全力，将很难稳定和调动你的骨盆。当骨盆不正常运动时，它会对其他核心运动产生负面影响，并可能导致慢性腰背疼痛。

　　下面的练习将有助于激活和加强你的臀部，这样就能在核心塑造训练期间更好地利用它们。为了避免没有任何肌肉被忽略，这些练习主要作用于臀部的上、下及两侧。即便不需要让臀部变得很火辣，但也会想在这些练习中增加一些额外的臀部福利！

前3个练习都是由双手和膝盖完成的。把手置于肩膀正下方，膝盖位于臀部下方。在这3个动作中，通过将深层的核心肌肉和尾骨向地面倾斜，来稳定你的骨盆和下背部。

驴子踢腿

▶ 每条腿重复15次为1组

将脚轻轻地踢向天花板，保持腿部呈90°。在这个动作的最顶端挤压你的臀部，注意不要让下背部塌陷或摇摆。

跨栏

▶ 每条腿重复15次为1组

抬起一侧膝盖向后方摆动，然后向外、向上，再换另一侧，就好像在清扫障碍物一样。尽量不要让身体向另一侧倾斜，保持肩膀和骨盆与地面平行。

侧抬腿

▶ 每条腿重复 15 次为 1 组

抬起一侧膝盖,并伸向外侧,直至膝盖与地面平行为止。尽量不要让身体向另一侧倾斜,保持肩膀和骨盆与地面平行。

单腿桥

▶ 每条腿重复 15 次为 1 组

仰卧,双膝弯曲,双脚着地离臀部 8~10 英寸(约 20~25 厘米)。抬起一条腿,向另一侧脚后跟使劲,将臀部尽可能抬高。感觉这个动作主要作用于用力的那条腿。

几年前，我一直想为一个客户创设一个不用她做任何弯曲膝盖运动的"臀部激活"训练，这个就是我当时想出来的动作。现在它已经成为我最喜欢的运动之一，而且我经常把它列入我的常规训练课程中。

侧卧抬腿前踢

每条腿重复15次为1组

侧卧，身体呈一条直线。检查一下臀部不要超过肩膀和脚后跟。如果有需要，可以弯曲贴在地面的那条腿，以支撑身体。将上面的那条腿抬起约2英尺（约60厘米），感觉臀部被挤压。保持腿部抬起，然后用踢腿的动作将脚向前移动，就像在身体前2英寸（约5厘米）的地方用脚趾轻轻敲打什么东西一样。

注 释

第一步：核心肌塑造训练的新规则

1. M. S. Olson, "Analysis of Yoga, Plates and Standing Abdominal Exercises: An Electromyo- graphic Study, " *Medicine and Science in Sports and Exercise* 44 (suppl. 5) (2010): 8-14.

2. James A Levine, "Measurement of Energy Expenditure, " *Public Health Nutrition* 8 (October 2005): 1123-1132, doi:10.1079/PHN2005800.

3. S. K. Kim, H. J. Kim, K. Y. Hur, S. H. Choi, C. W. Ahn, S. K. Lim, K. R. Kim, H. C. Lee, K. B. Huh, and B. S. Cha, "Visceral Fat iciness Measured by Ultrasonography Can Estimate Not Only Visceral Obesity but Also Risks of Cardiovascular and Metabolic Diseases, " *American Journal of Clinical Nutrition* 79, number 4 (2004): 593-599.

4. PubMed Health Glossary, "Back Pain: Painful Sensation in the Back Region, " http://www.ncbi.nlm.nih.gov/pubmedhealth/PMH0004668.

第二步：有氧运动促进燃脂

1. L. Kravitz, "Women and Hormones" lecture, IDEAFit World Convention (August 15, 2014); E. J. Fine and R. D. Feinman, "Thermodynamics of Weight Loss Diets, " *Nutrition and Metabolism* 1, 15 (2004), doi:10.1186/1743-7075-1-15.

2. B. A. Irving, C. K. Davis, D. W. Brock, J. Y. Weltman, D. Swi, E. J. Barrett, and A. Weltman, "E ect of Exercise Training Intensity on Abdominal Visceral Fat and Body Composition, " *Medicine and Science in Sports and Exercise* 40, 11 (2008): 1863-1872.

3. US Bureau of Labor Statistics, "American Time Use Survey Summary, " June 18, 2014, www.bls.gov/news.release/atus.nr0.htm.

4. A. V. Chantal and L. Kravitz, "Exercise A er-Burn: A Research Update," *IDEA Fitness Journal* 1, 4 (2004); D. Malatesta, C. Werlen, S. Bulfaro, X. Chenevière, and F. Borrani, "E ect of High-Intensity Interval Exercise on Lipid Oxidation During Post Exercise Recovery," *Medicine and Science in Sports and Exercise* 41, 2 (2009): 364-374.

5. American Psychological Association, "Stress in America 2013 Highlights," accessed June 9, 2015, www.apa.org/news/press/releases/stress/2013/highlights.aspx.

6. T. Coutinho, K. Goel, D. Corrêa de Sá, C. Kragelund, A. M. Kanaya, M. Zeller, J. S. Park, L. Kober, C. Torp-Pedersen, Y. Cottin, L. Lorgis, S. H. Lee, Y. J. Kim, R. omas, V. L. Roger, V. K. Somers, and F. Lopez-Jimenez, "Central Obesity and Survival in Subjects with Coronary Artery Disease: A Systematic Review of the Literature and Collaborative Analysis with Individual Subject Data," *Journal of the American College of Cardiology* 57, 19 (2011): 1877-1886.

7. S. Boutcher, "High-Intensity Intermittent Exercise and Fat Loss," *Journal of Obesity* (2011), doi:10.1155/2011/868305.

第三步：减重的饮食

1. J. L. Pillitteri, S. Shi man, J. M. Rohay, A. M. Harkins, S. L. Burton, and T. A. Wadden, "Use of Dietary Supplements for Weight Loss in the United States: Results of a National Survey," *Obesity* 16 (2008): 790-796, doi: 10.1038/oby.2007.136.

2. Tim Casey, "FDA-Approved Drug and Lifestyle Changes for Obesity," First Report Man- aged Care, June 2014, http://www. rstreportnow.com/articles/fda-approved-drugs-and-life- style-changes-obesity.

3. US Department of Agriculture, "Food Availability (per Capita) Data System, Summary Findings," http://www.ers.usda.gov/data-products/food-availability-(per-capita)-data-system/ summary- ndings.aspx#.VErGavldWzE.

4. M. D. Mi in, T. S. J. Sachiko, L. A. Hill, B. J. Scott, S. A. Daugherty, and O. K. Young, "A New Predictive Equation for Resting Energy Expenditure in Healthy Individuals," *American Journal of Clinical Nutrition* 51 (1990): 241-247.

5. C. K. Martin, L. K. Heilbronn, L. de Jonge, J. P. Delany, J. Volaufova, S. D. Anton, L. M. Redman, S. R. Smith, and E. Ravussin, "E ect of Calorie Restriction on

Resting Metabolic Rate and Spontaneous Physical Activity, " *Obesity (Silver Spring)* 15, no. 12 (December 2007): 2964-2973.

6. Martin et al., "E ect of Calorie Restriction on Resting Metabolic Rate and Spontaneous Physical Activity" ; C. Weyer, R. L. Walford, I. T. Harper, M. Milner, T. MacCallum, P. A. Tataranni, and E. Ravussin, "Energy Metabolism After 2 y of Energy Restriction: The Biosphere 2 Experiment, " *American Journal of Clinical Nutrition* 72, no. 4 (2000): 946-953.

7. J. DiNoia, "De ning Powerhouse Fruits and Vegetables: A Nutrient Density Approach, " Preventing Chronic Disease 11 (2014): 130390, doi: http://dx.doi.org/10.5888/pcd11.130390; Monica H. Carlsen, Bente L. Halvorsen, Kari Holte, Siv K. Bøhn, Steinar Dragland, Laura Sampson, Carol Willey, Haruki Senoo, Yuko Umezono, Chiho Sanada, Ingrid Barikmo, Nega Berhe, Walter C. Willett, Katherine M. Phillips, David R. Jacobs, and Rune Blomho , " e Total Antioxidant Content of More an 3100 Foods, Beverages, Spices, Herbs and Supplements Used Worldwide, " *Nutrition Journal* 9, no. 3 (2010), http://www.nutritionj.com/content/9/1/3, doi: 10.1186/1475-2891-9-3.

8. R. Baudrand, C. Campino, C. A. Carvajal, O. Olivieri, G. Guidi, G. Faccini, P. A. Vöhringer, J. Cerda, G. Owen, A. M. Kalergis, and C. E. Fardella, "High Sodium Intake Is Associated with Increased Glucocorticoid Production, Insulin Resistance and Metabolic Syndrome, " *Clinical Endocrinology* 80 (2014): 677-684, doi:10.1111/cen.12225.

9. H. Stewart, J. Hyman, J. C. Buzby, E. Frazao, and A. Carlson, "How Much Do Fruits and Vegetables Cost?" US Department of Agriculture Economic Research Service, *Economic Information Bulletin* 71 (February 2011), http://www.ers.usda.gov/publications/eib-economic- information-bulletin/eib71.aspx.Bottom of Form.

10. B. H. Lin. and S. T. Yen, " e U.S. Grain Consumption Landscape: Who Eats Grain, in What Form, Where, and How Much?" US Department of Agriculture, Economic Research Service, ERR-50, 2007.

11. "Carbohydrates, " e Nutrition Source, Harvard T. H. Chan School of Public Health, accessed August 31, 2015, http://www.hsph.harvard.edu/nutritionsource/carbohydrates.

《肌肉训练进化教程——微运动打造核心区》的有氧训练

1. S. K. Powers and E. T. Howley, *Exercise Physiology: eory and Application to Fitness and Performance,* 6th ed. (New York: McGraw-Hill, 2007).

2. W. D. Bandy, J. M. Irion, and M. Briggler, " e E ect of Static Stretch and Dynamic Range of Motion Training on the Flexibility of the Hamstring Muscles, " *Journal of Orthopaedic and Sports Physical erapy* 27, no. 4 (1998): 295-300.

3. I. Shrier and K. Gossal, "Myths and Truths of Stretching, " *e Physician and Sports Medi- cine* 28 (2000): 57-63.

《肌肉训练进化教程——微运动打造核心区》的饮食

F. Batmanghelidj, *Your Body' s Many Cries for Water* (Global Health Solutions, 2006); R. J. Maughan, J. B. Leiper, and S. M. Shirre s, "Restoration of Fluid Balance After Exercise-In- duced Dehydration: E ects of Food and Fluid Intake, " *European Journal of Applied Physiology and Occupational Physiology* 17, no. 3-4: 317-325.

关于作者

艾莉森·卫斯法尔（Allison Westfahl）是一位全美知名的运动生理学家、作家和健身达人。她在关于健康和健身方面成功的职业生涯中，一直在全美顶级的健康俱乐部工作，带领私人教练团队，并为来自各行各业的人制订健身计划。

Allison在堪萨斯州的一个绵羊农场长大，毕业于耶鲁大学、获得古典音乐学位后，她开始了对更为健康生活方式的不断追求与探索，最终成为了一名私人教练。此后的几年里，她获得了运动科学硕士学位和国家运动医学和耐力运动联合会的多项认证。她的客户既有精英自行车手、参加三项全能比赛的运动员，也有专业模特，以及那些每天几乎没有锻炼时间又要减掉很多体重的男男女女。Allison丰富的经验和知识，让她对创设能带来持久成效的个人训练项目充满热情。Allison住在科罗拉多州的丹佛市，并且她是Pura VidaFitness & Spa的私人训练主管。

关于模特

凯莉·杜根（Kelly Dugan）是一名健身专家，喜欢帮助不同层次和水平的人实现他们的健身目标并获得身心健康。Kelly对运动和塑形的热爱始于她职业舞者的经历。她教过各种各样的健身风格，并获得了多项健身证书和奖项。她拥有通信学位，并且在教学、市场营销、销售和运营管理方面有着非常丰富的经验。

梅根·希尼-格里尔（Mehgan Heaney-Grier）是一位专门研究突破和应对个人挑战的终身冒险家。1996年，她以一次潜水165英尺（约50米）建立了第一个美国男子和女子自由潜水纪录。Mehgan是最早进入女子跳水名人堂的运动员之一，拥有生态学、进化生物学和人类学的学位。同时，她是科罗拉多州一个非营利组织的海洋大使认证项目的负责人。

艾莉森·卫斯法尔（Allison Westfahl）是一位全国知名的运动生理学家、作家和健身达人。在她关于健康和健身方面成功的职业生涯中，Allison一直在全国顶级的健康俱乐部工作，带领私人教练团队，并为来自各行各业的人制订健身计划。Allison住在科罗拉多州的丹佛市，并且她是Pura VidaFitness & Spa的私人训练主管。

每个人都想拥有强健、性感的核心肌

但即使有严格的饮食、无数的有氧运动和仰卧起坐、营养品和计算热量，也很难获得想要的效果。Allison Westfahl 的《肌肉训练进化教程——微运动打造核心区》计划能通过塑形帮助你打造一个让你值得炫耀的完美核心肌。

《肌肉训练进化教程——微运动打造核心区》计划能彻底改变你的身体

在 8 周的时间里，通过有氧锻炼、塑形课程和饮食改造的三重改造，兼顾健身和减肥的平衡之法，不需要健身房，你也能完成。

你可以这样做！Allison 的有氧训练和核心肌塑造训练平均只有 30 分钟，为了达成你的目标，可以选择提高或降低这三个级别的锻炼。

Allison 采用健康的食物和零食合理安排你的饮食，同时这些食物还能让你保持活力并且加快新陈代谢。她的美味食谱和完整的饮食计划不仅简化了热量计算，还减轻了减肥的痛苦。